enceinte

UNE HISTOIRE DE LA GROSSESSE
ENTRE ART ET SOCIÉTÉ

enceinte

UNE HISTOIRE DE LA GROSSESSE ENTRE ART ET SOCIÉTÉ

Emmanuelle Berthiaud

Éditions
de La Martinière

*À ma mère.
À mes enfants,
Lou-Salomé
et Philéas.*

L a représentation de la différence des sexes est, selon l'anthropologue Françoise Héritier, un fondement essentiel dans les diverses cultures humaines, et les femmes enceintes y tiennent leur place depuis la nuit des temps. La grossesse est un état temporaire – de neuf mois, en théorie – compris entre la fécondation et l'accouchement, et se déroulant uniquement dans le ventre féminin. Condition essentielle de la survie de l'espèce, la grossesse a une dimension biologique évidente. Or, comme d'autres expériences humaines, elle relève certes de la nature, mais aussi de la culture. La fascination pour le pouvoir procréateur des femmes et les métamorphoses de leur corps pendant la gestation ont en effet donné lieu à de multiples rites, mythes et images au cours du temps. Leur représentation diffère toutefois profondément selon les époques et les civilisations. Étudier cette histoire permet d'éclairer l'évolution des croyances et de la place faite aux femmes et à leur fécondité.

La grossesse, un symbole de fertilité ancien en Occident

De nombreuses statuettes du paléolithique supérieur (entre 35 000 et 10 000 ans avant notre ère) représentent des femmes nues avec des signes sexuels exacerbés : poitrine opulente, hanches et fesses larges, ventre rond. Certaines de ces « Vénus » sont manifestement enceintes. Leur omniprésence a conduit à penser qu'il s'agit de représentations symboliques renvoyant à la fécondité féminine. Ces « Vénus » sont-elles des déesses, auxquelles serait rendu un culte magique ? Ou bien révèlent-elles les pratiques et les désirs sexuels de cette époque ? Quelques-unes, très stylisées et percées au sommet, étaient vraisemblablement portées comme des pendeloques, ou peut-être des amulettes destinées à protéger la femme pendant la grossesse et l'accouchement. D'autres Vénus, dites « aurignaciennes » (d'Aurignac, en Haute-Garonne, mais dont on retrouve des exemples similaires sur une vaste aire qui s'étend jusqu'en Russie), semblent réalisées sur un même modèle. Leurs contours s'inscrivent dans un losange : les seins, le ventre et les hanches sont énormes, tandis que la tête et les pieds sont très petits, voire négligés. Le chercheur américain Leroy McDermott a émis en 1996 l'hypothèse audacieuse qu'il ne s'agirait pas de simples Vénus symbolisant la fertilité, mais d'autoportraits de femmes enceintes. Leurs étranges proportions correspondraient en effet à la manière dont une femme enceinte perçoit son propre corps en l'absence de miroir : elle observe avant tout une forte poitrine, puis des hanches et un ventre volumineux, mais n'aperçoit guère le bas de

Statuette féminine dite *Polichinelle*,
grotte de Baoussé-Roussé,
fouilles Louis-Alexandre Jullien (1883-1895),
vers 25 000 av. J.-C., stéatite verte,
Saint-Germain-en-Laye,
musée d'Archéologie nationale.

son corps, notamment les pieds, et encore moins sa tête. Pour appuyer son propos, Leroy McDermott met en regard des photographies de Vénus vues d'en haut et des clichés présentant la vision que la femme a de son corps pendant la grossesse : cette confrontation révèle une similitude de points de vue saisissante. Si cette hypothèse se confirmait, elle remettrait en cause la place traditionnellement attribuée aux femmes dans le processus de création artistique.

Si la signification de ces statuettes nous échappe encore largement, la fréquence des vulves et des triangles pubiens tracés sur les parois des grottes – autres images du ventre maternel – témoigne du lien étroit établi entre les origines de l'art et les mystères de la fécondité féminine.

Depuis le XIXe siècle, certains historiens et ethnographes ont émis l'idée qu'avant les actuelles civilisations patriarcales, il existait un matriarcat primitif dans lequel les mères et la filiation maternelle dominaient. Si cette théorie est aujourd'hui largement battue en brèche, le mythe continue d'alimenter l'hypothèse de cultes rendus à des déesses mères ou à une « grande déesse », symbole de fécondité, et dont attesterait la multiplicité des figures féminines aux formes opulentes datées du néolithique et de l'âge du bronze. On ne peut cependant tirer de ces représentations aucune conclusion concernant la place des femmes et des mères dans l'organisation sociale et le système de filiation préhistoriques. Elles témoignent néanmoins de l'importance accordée à la capacité féminine d'engendrer la vie, souvent reliée à celle de la Terre nourricière.

Dans l'Antiquité gréco-romaine, les arts représentent peu les femmes enceintes et l'accouchement, hormis les naissances extraordinaires des dieux et des héros. La grossesse est, en général, envisagée par les médecins grecs et romains comme une longue maladie, source de dangers multiples pour la femme. Elle ne constitue donc pas un état valorisant, et ce sont plutôt des scènes d'allaitement qui symbolisent la fertilité et l'abondance. Le développement du christianisme et l'instauration d'interdits relatifs au corps et à la sexualité conduiront à éclipser davantage encore le ventre rond en Occident.

Ce rapide panorama de la représentation de la grossesse aux temps anciens montre la variété qui prévaut. Ce livre s'attachera plus particulièrement au cas français, replacé dans un contexte plus large. Éclairant un aspect de la culture visuelle occidentale, il sera aussi l'occasion d'aborder le vécu féminin, les pratiques vestimentaires pendant la grossesse et, de manière plus générale, de comprendre l'évolution des représentations sociales afférentes à cet état depuis le Moyen Âge.

Dans l'art gréco-romain, seule la statuaire hellénistique se distingue par la figuration assez fréquente de femmes enceintes, souvent nues et debout, les mains posées sur les hanches, plus rarement croisées sur l'abdomen.

Entre Ève et Marie :

LA GROSSESSE SOUS L'INFLUENCE DU CHRISTIANISME

D epuis
le Moyen Âge jusqu'au XIXᵉ siècle,
le vécu et les représentations de la grossesse
sont profondément marqués en Occident
par la pensée chrétienne sur la procréation
et le corps féminin. Les femmes enceintes
sont tiraillées entre deux modèles opposés,
Ève et Marie. Si la grossesse est parfois figurée
dans l'art sacré au Moyen Âge, notamment
aux XIVᵉ et XVᵉ siècles, il n'en est plus
de même aux siècles suivants. Les signes visibles
de gestation disparaissent de l'iconographie
religieuse, ce qui témoigne d'une mutation
profonde des sensibilités et des mentalités.
La grossesse fait toutefois l'objet
d'une protection spécifique
dans les sociétés chrétiennes.

>
Vierge enceinte à la main posée
sur le ventre,
Portugal, XIVᵉ siècle,
pierre polychromée,
Lisbonne, musée national
d'Art ancien.

La grossesse,
UN FARDEAU HÉRITÉ D'ÈVE

Fonder une famille, avoir des enfants est une évidence pour les couples mariés des sociétés préindustrielles. La procréation est désignée par le christianisme comme la fin première et la conséquence naturelle de l'union de l'homme et de la femme. Les Pères de l'Église, notamment saint Augustin, estiment que le mariage offre précisément un cadre licite, voire obligatoire à la sexualité. L'union des sexes légitimée par le mariage est donc un remède à la concupiscence et assure la perpétuation du genre humain, les époux qui obéissent à la loi divine étant récompensés par une progéniture nombreuse.

Le mariage et la procréation donnent une existence sociale à la femme. Si la vocation religieuse peut constituer une alternative, la maternité est néanmoins considérée dans les sociétés traditionnelles comme la vocation « naturelle » des femmes.

Dans le cadre du mariage et de la famille, la mission de donner la vie incombe à la femme, et mieux encore de mettre au monde un fils qui prolongera la lignée et héritera du patrimoine familial. Avoir une nombreuse descendance viable confère respect et protection de la part du mari et de la parenté. Cette exigence de maternité est d'autant mieux intériorisée par les femmes qu'elle leur donne un statut reconnu au sein de la société. Comme l'affirme le dicton, « Point de fille qui ne désire devenir femme, point de femme qui ne désire devenir mère. » La grossesse et l'accouchement constituent d'ailleurs une étape incontournable qui donne accès au monde des adultes : une femme n'est admise comme telle qu'après avoir procréé, sinon, même mariée, elle est toujours regardée comme une « fille ». Toutes les femmes subissent donc cette pression : elles doivent faire la preuve de leur capacité à enfanter. La stérilité est vécue comme une malédiction personnelle.

Les miniatures médiévales profanes mettent rarement en scène des femmes enceintes. Toutefois, la représentation des âges de la vie en laisse parfois paraître. À gauche de cette miniature du XVe siècle, une femme enceinte se tient très cambrée et pose une main sur son ventre : elle incarne l'âge adulte féminin dans sa vocation fondamentale qu'est la maternité.

...te du fugement de mont ...
...e deffault des cheueulx fi aduient
commenement entre jenneffe & vieilleste
pour les causes deffus dites •

Cy commence le vij.ᵉ liure des ꝓpetes de hoe
en general & en especial •
Duisque nous auons dit des
propietez des parties de
lomme en especial. Il refte
adire de ses propietez en ste

La grossesse, un état répandu mais périlleux

Aux siècles passés, « être grosse » – selon l'expression employée jusqu'au XIXᵉ siècle – est une réalité récurrente pour les femmes. En France, avant les dernières décennies de l'Ancien Régime, les populations ne cherchent en général pas à limiter leur descendance. On accepte avec fatalité et résignation les naissances qui surviennent jusqu'à la fin de la vie féconde. Les mariages fertiles mettent en moyenne 5,5 enfants au monde vers 1300, mais certains ménages sont plus prolifiques. L'exemple du couple formé par Jehan Martin et Arnalde Dumond n'est pas exceptionnel (Philippe Maurice, *La Famille en Gévaudan au XVᵉ siècle (1380-1483)*, Paris, 1998, p. 98). Établi dans le Gévaudan et marié le 12 octobre 1469, le couple a onze enfants, dont cinq meurent en bas âge. Pendant les vingt-trois premières années de son mariage, Arnalde met au monde un enfant tous les vingt et un mois en moyenne ; elle est donc enceinte durant 48 % de ce temps, sans compter d'éventuelles fausses couches. Toutefois, un âge au mariage assez tardif et la mort prématurée d'un des deux conjoints limitent fréquemment la descendance finale des couples français, qui se situe entre quatre et cinq enfants au XVIIIᵉ siècle. Même si les familles très nombreuses ne disparaissent pas, la mise en place d'un contrôle précoce des naissances fait passer la fécondité à trois enfants en moyenne par femme en France à la fin du XIXᵉ siècle. L'expérience de la grossesse est familière aux femmes d'autrefois, et les ventres ronds font partie du paysage habituel des villes et des villages.

Si les maternités sont répétées, la grossesse ne saurait être banale dans la vie des femmes. L'ignorance qui entoure les mécanismes de la fécondation et de la gestation – jusqu'à une époque récente – rend la grossesse mystérieuse et inquiétante, tandis que la faiblesse de l'encadrement médical fait également de la maternité une expérience risquée tant pour les femmes que pour les enfants à naître. La mortalité maternelle en couches est

<

Mois de septembre, enluminure illustrant les *Très Riches Heures du duc de Berry,* XVᵉ siècle, Chantilly, musée Condé, fol. 9.

Dans le célèbre calendrier des *Très Riches Heures du duc de Berry,* le mois de septembre est illustré par une scène de vendanges. Au pied du château de Saumur, cinq paysans ramassent du raisin tandis qu'un homme et une femme enceinte se reposent. La grossesse ne dispense pas, en effet, de participer aux travaux des champs. L'image rappelle aussi l'analogie évidente dans les mentalités traditionnelles entre le corps féminin et la nature. On parle volontiers du « fruit » de la femme enceinte pour désigner l'enfant qu'elle porte. Tel un arbre, la femme enceinte doit d'ailleurs se méfier des vents, notamment de ceux du sud qui dessèchent le « fruit » et provoquent des avortements...

un phénomène courant, même si elle est moindre qu'on l'a longtemps cru : entre 1 et 3 % à la fin de l'Ancien Régime (en 2010 : 9,6 décès maternels pour 100 000 naissances en France, selon l'Inserm). Avec une fécondité moyenne de quatre à cinq enfants par femme, ce sont 4 à 15 % des mères qui risquent de mourir en couches. Il faut attendre la fin du XIXᵉ siècle pour voir ce chiffre baisser significativement grâce à la médicalisation de la naissance. Face à cette réalité tragique, la grossesse se déroule sous le signe de l'angoisse, et toutes les femmes connaissent dans leur environnement au moins une femme morte des suites de sa grossesse ou de son accouchement. Les proverbes populaires et les images mettant en scène des femmes enceintes se font l'écho de cette peur.

La grossesse,
un héritage de la faute d'Ève

Les représentations de la grossesse en Occident sont marquées, durant des siècles, par le discours de l'Église. Même si la maternité est la vocation féminine par excellence, elle demeure associée au péché originel et à la faute d'Ève. Les docteurs de l'Église ont interprété en ce sens le troisième chapitre de la Genèse et son fameux « Tu enfanteras dans la douleur », décrétant que les souffrances de l'enfantement sont la conséquence de la sanction divine qui a frappé la femme pour la punir d'avoir commis le péché originel. La première d'entre les femmes, Ève, a en effet cédé à la tentation du serpent – incarnation du malin – et mangé le fruit défendu de « l'arbre de vie », entraînant Adam dans la désobéissance à Dieu – la chute –, ce qui a provoqué leur expulsion du paradis terrestre. Dès les premiers siècles chrétiens, un lien a été établi entre sexualité et « péché de chair », assimilé au péché originel. Le serpent – symbole phallique et attribut de certaines déesses de la Fécondité antiques – et le fruit indiquent que c'est dans sa fonction sexuelle et reproductrice que la femme est vulnérable. Il n'est donc pas surprenant que la malédiction divine qui s'abat sur Ève après la faute originelle concerne l'enfantement. La procréation est perçue comme le signe tangible de l'imperfection humaine, et ses contraintes pèsent particulièrement sur la femme. La maternité étant assujettie à la douleur, qui est une marque de servitude, chaque femme enceinte qui accouche s'inscrit dans l'histoire de la faute d'Ève et la paye. Au XVIIᵉ siècle, Bossuet formule encore cette interprétation sévère : « La fécondité est la gloire de la femme ; c'est là que Dieu met son supplice : ce n'est qu'au péril de sa vie qu'elle est féconde. (...) Ève est malheureuse et maudite dans tout son sexe » (*Élévations sur les mystères*).

Danse macabre des femmes.
Une jeune mariée et une femme grosse,
gravure peinte illustrant
Cy est la danse macabre des femmes,
Paris, Guy Marchant, 1491,
Paris, Bibliothèque nationale de France.

Du XIVᵉ au XVᵉ siècle, les représentations
de danses macabres se multiplient en Europe.
Elles témoignent des angoisses du temps
et de l'omniprésence de la mort à tous les âges
de la vie. Ces danses macabres représentent
volontiers la « femme grosse », illustrant
le dicton populaire « Femme grosse a un pied
dans la fosse ».

<
Hugo Van der Goes,
Le Péché originel (détail),
1470, huile sur panneau de bois,
Vienne, Kunsthistorisches
Museum.

L'état de grossesse embarrasse l'Église, car il est le produit visible d'un rapport sexuel fécond dans le corps féminin, en contradiction avec l'idéal de pureté ecclésiastique qui valorise le célibat, la virginité et la chasteté. Si la maternité est sublimée par la figure de Marie, son aspect charnel reste tabou : la culture cléricale manifeste un dégoût prononcé pour le corps féminin, et l'enfantement est vu comme une expérience impudique, souillée et douloureuse. Toute la région génitale de la femme, lieu du désir et de la procréation, est marquée par la honte et frappée d'interdits. La proximité des organes reproductifs avec les viscères et les « parties honteuses » alimente de manière récurrente les allusions au ventre maternel comme une « prison immonde » pour l'enfant. Les pertes de sang qui surviennent au cours des menstrues et de l'accouchement nourrissent également les préjugés. Depuis l'Antiquité, ce sang passe pour stériliser ou corrompre et impose d'éviter tout contact. Cette croyance persiste encore dans la cérémonie des « relevailles » de l'accouchée, célébration d'action de grâces pour une heureuse délivrance mais aussi rite de purification qui autorise la femme à entrer de nouveau dans l'église et à communier après un temps requis. Certains clercs continuent jusqu'au XVIIe siècle, et à quelques reprises ensuite ici ou là, à refuser que les femmes enceintes ou en période de règles se rendent à l'église et reçoivent les sacrements en raison de leur impureté supposée. Si les Réformes protestante et catholique atténuent en Europe la défiance par rapport à la chair, le développement du jansénisme en France, à la fin du XVIIe siècle, contribue à ce qu'au siècle suivant, les questions de la femme et de la sexualité soient encore largement abordées sous l'angle du péché.

Ces représentations négatives du corps féminin se sont diffusées en dehors de l'Église. En témoigne l'écrivain Pierre Boaistuau, qui, au XVIe siècle, se lamente sur « cette piteuse tragédie de la vie de l'homme » commencée sous les plus funestes [...]

Hugo Van der Goes fait du paradis un jardin arboré et verdoyant où se tient, nu et encore pur, le premier couple humain. Le peintre représente l'instant de la tentation, où Ève, une pomme dans une main, s'apprête à cueillir un autre fruit défendu pour le tendre à Adam. Le serpent tentateur, qui se tient derrière l'arbre, a une apparence inédite dans l'art. Représenté comme un être hybride, il est dressé sur ses pattes arrière, fidèle en cela au texte biblique qui précise que Dieu l'a puni de son rôle dans la chute de l'homme en l'obligeant à ramper sur le sol. Il est affublé de griffes, d'une longue queue et d'un visage de femme, rappel de la malignité du sexe féminin et de l'analogie entre Ève et le serpent.

L'Ancien Testament est traversé par le thème
de la fécondité et de la stérilité. Tous les patriarches sont
passés par un temps de stérilité avec leur épouse préférée,
avant l'avènement d'un enfant voué à un destin exceptionnel.
Dieu est celui qui rend fécond malgré la stérilité, celui
qui est plus fort que la mort et qui répond aux prières
de ceux qui ont foi en Lui. Ainsi, Abraham et Sarah, Isaac
et Rebecca, Jacob et Rachel, Elkana et Anne, Manoach
et sa femme attendent longtemps la naissance d'un enfant.
Certaines de ces grossesses exceptionnelles ont été volontiers
représentées dans l'iconographie chrétienne, notamment
au Moyen Âge et à l'époque classique.
La question de la « gestation pour autrui » ne date pas
des techniques modernes de procréation assistée, et la Bible
témoigne à plusieurs reprises de ce genre de pratique. Ainsi,
Saraï (bientôt renommée Sarah par Dieu), désespérée
par sa stérilité, donne sa servante Agar à son époux Abram
(futur Abraham): « La femme d'Abram, Saraï, ne lui avait pas
donné d'enfant. Mais elle avait une servante égyptienne,
nommée Agar, et Saraï dit à Abram: "Vois, je te prie:
Yahvé n'a pas permis que j'enfante. Va donc vers ma servante.
Peut-être obtiendrai-je par elle des enfants." Et Abram écouta
la voix de Saraï » (Genèse 16, 1-2).
Quand Agar tombe enceinte, elle éprouve du mépris à l'encontre
de Saraï, qui se met à la maltraiter au point de la pousser
à fuir dans le désert. Là, un ange vient à la rencontre d'Agar,
lui intime l'ordre de rentrer et d'obéir à sa maîtresse, puis lui prédit
une descendance nombreuse. Agar mettra bientôt au monde
Ismaël, tandis que Sarah, enfin enceinte (Dieu change son nom
en cette circonstance), finit elle aussi par donner naissance
à un fils, Isaac. Sarah obtient d'Abraham qu'il chasse Agar
et son fils, qui seront recueillis par des habitants du désert.
Selon la tradition, les Arabes seraient les descendants d'Ismaël,
et les Juifs, ceux d'Isaac.

^

Rubens, *Agar quitte la maison d'Abram*,
1615-1617, peinture sur panneau de bois,
Saint-Pétersbourg, musée de l'Ermitage.

Sibila libica. xxiii, amor. auus meruit euiuspi
uidetur clare vaticinari de aduentu saluatori
cum prophetis. ut infra.

Ecce venet deus et illuuabit condensa tenebrau
et soluetur nexus smagosse et desinet labia hom
et videbunt regem viuentiu et tenebit uirgo illu
in gremio dna gentiu et regnabit ma et vterue
matris eius erit statera cunctorum.

|...| auspices : « Mais regardons en premier lieu de quelle semence il est engendré, sinon d'une corruption et infection ? Quel est le lieu de sa naissance, sinon une sale et malpropre prison ? Combien est-il là-dedans le ventre de sa mère sans qu'il ressemble à autre chose qu'à une vile masse de chair insensible ? » (*Le Théâtre du monde*, 1558). Il est toutefois difficile de mesurer l'influence qu'ont exercée ces appréciations sur les relations entre hommes et femmes et sur le vécu de la grossesse.

Selon l'idéal chrétien, la femme doit accepter la maternité dans un esprit de pénitence, et les douleurs comme les risques inhérents à l'enfantement participent du rachat des fautes et des péchés. Pour saint Paul, « La femme sera sauvée en devenant mère » (1 Timothée, 2). Les souffrances endurées par la parturiente sont compensées par la naissance des enfants, elles donnent un sens à l'existence féminine et peuvent devenir une expérience positive dans un esprit de sacrifice et de soumission. Ce discours, qui s'épanouit au Moyen Âge, marque en profondeur les mentalités et les comportements dans l'Occident chrétien, composant un arrière-plan mental et une référence morale essentielle pour la très grande majorité de la population sous l'Ancien Régime et au-delà. Même s'il devient moins prégnant au cours du XIXe siècle, il apparaît encore sous la plume de la comtesse de Ségur, lorsqu'elle tente de rassurer sa fille cadette Olga qui vit une grossesse difficile : « Une grossesse est toujours chose pénible ; aussi que de fautes elle rachète ! Une couche est toujours douloureuse et ennuyeuse par ses suites ; aussi que de mérites elle peut valoir et comme toutes les impatiences, les privations, les ennuis qu'on accepte, sont comptés pour l'éternité ! » (lettre à Olga, 30 septembre 1863, *Correspondance*, 1993).

<
Femme enceinte tenant un cierge bénit (détail), enluminure illustrant les *Heures de Louis de Laval*, XVe siècle, Paris, Bibliothèque nationale de France, ms. latin 920, fol.18.

Les femmes enceintes ont pour habitude de brûler un cierge à la Chandeleur pour demander sa protection à la Vierge et un heureux enfantement. La Chandeleur correspond en effet depuis le Moyen Âge à la fête de la Purification (ou relevailles) de Marie. Célébrée le 2 février, cette fête des « chandelles », qui symbolisent le retour à la lumière, coïncide donc avec la sortie des ténèbres de l'hiver. Cette date est également privilégiée pour célébrer les relevailles des nouvelles accouchées.

La grossesse glorieuse
DE MARIE

Pour les chrétiens, Marie est la grande figure féminine qui valorise la maternité. Vénérée dès les débuts du christianisme, Marie est proclamée « Mère de Dieu » (Theotokos) au concile d'Éphèse en 431, afin d'affirmer l'unité des deux natures divine et humaine du Christ. Son culte est pourtant longtemps négligé par les théologiens, et il faut attendre le XIIIe siècle pour le voir se développer en Occident. La Vierge est la rédemptrice qui conjure le péché mortel de la première femme, Ève ; elle est la chair où le Verbe prend vie, et son corps participe activement au développement physique de l'Enfant Jésus. En enfantant un Dieu fait homme, Marie coopère au salut de l'humanité, à sa rédemption, à la vie même. Elle est un intermédiaire privilégié entre Dieu et les hommes.

Les artistes ont volontiers montré la Vierge enceinte au Moyen Âge, époque à laquelle la plupart des images de grossesse relèvent du domaine religieux. Ces représentations n'ont rien de réaliste : elles obéissent à des codes symboliques et sont révélatrices des croyances du temps. Très populaires, ces images répondent à des attentes et des besoins divers. Pour les théologiens, la représentation de la grossesse de Marie donne à voir et à comprendre l'Incarnation, un des dogmes fondamentaux du christianisme selon lequel Dieu a pris chair en la Vierge Marie et se rend visible en la personne du Christ. Pour les femmes, la figure de la mère de Jésus autorise une identification positive et s'offre comme un recours favorable à leur propre grossesse.

Maria gravida

Les représentations de la Vierge enceinte sont désignées par des vocables spécifiques : *Maria gravida* en latin (« Marie enceinte »), *Madonna del Parto* ou *Vergine partoriente* en italien (« Notre-Dame » ou « Vierge parturiente »), Notre-Dame de l'Attente, de l'Espérance ou de l'Avent étant les plus répandus en France. La grossesse de la Vierge était par ailleurs honorée autrefois par une fête, dite de Notre-Dame des Avents, célébrée le 18 décembre. Si la Vierge enceinte fait alors l'objet d'une dévotion particulière, c'est parce qu'elle représente pour les chrétiens une mère bienveillante, à laquelle les mères peuvent en partie s'identifier. Car [...]

>
Enluminure illustrant
un *Livre de dévotion*,
Italie, XVe siècle,
Lyon, bibliothèque municipale,
département des manuscrits,
168, fol. 216.

266

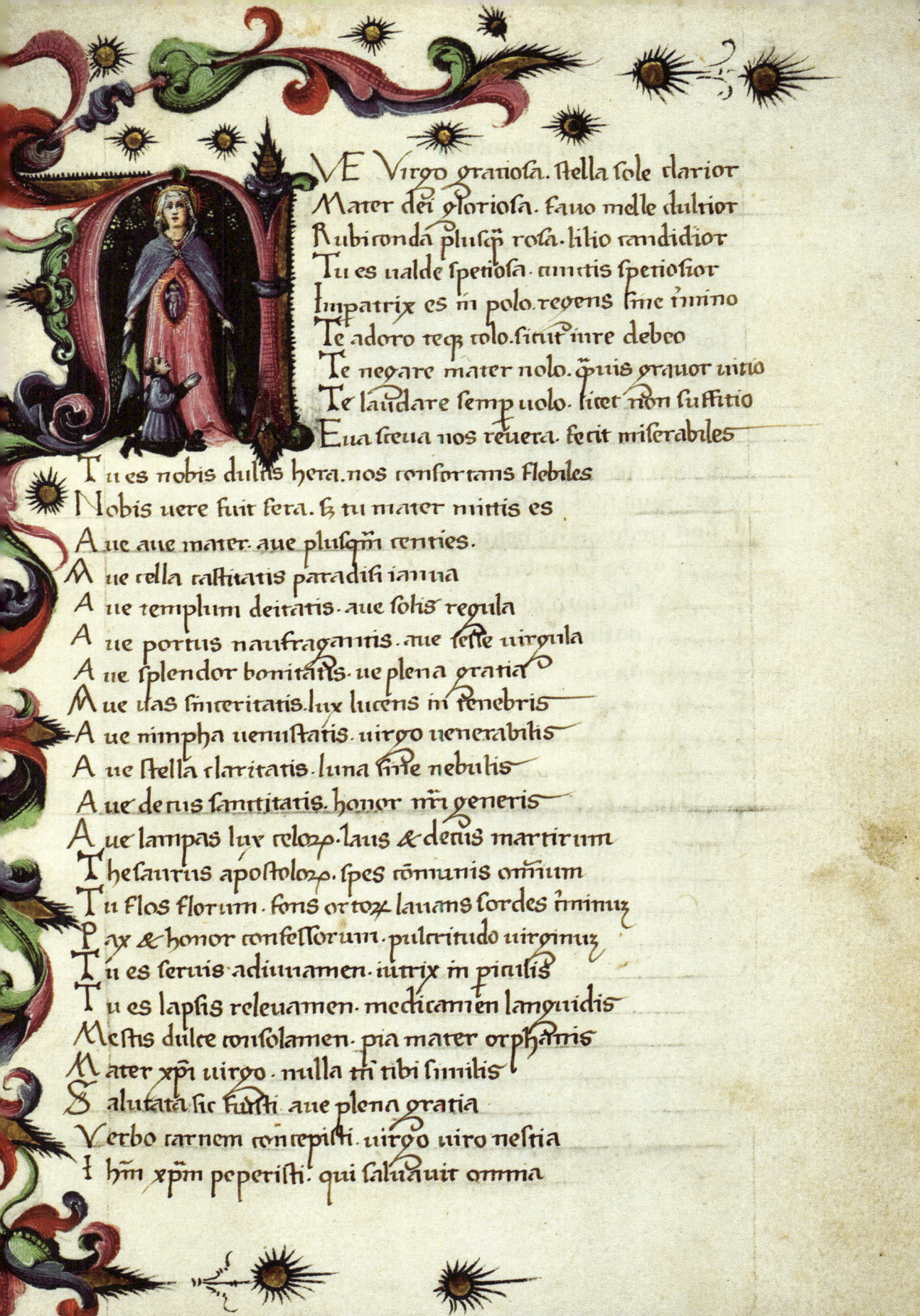

AVE Virgo graciosa. stella sole clarior
Mater dei gloriosa. fauo melle dulcior
Rubiconda plusqm rosa. lilio candidior
Tu es ualde speciosa. uirtutis speciosior
Impatrix es in polo. regens sine tmino
Te adoro teqz colo. sicut iure debeo
Te negare mater nolo. quis grauor uitio
Te laudare semp uolo. licet non sufficio
Eua seua nos reuera. fecit miserabiles
Tu es nobis dulcis hera. nos consortans flebiles
Nobis uere fuit fera. sz tu mater mitis es
Aue aue mater. aue plusqm centies.
Aue cella castitatis paradisi ianua
Aue templum deitatis. aue solis regula
Aue portus naufragantis. aue sessie uirgula
Aue splendor bonitatis. ue plena gratia
Aue uas sinceritatis. lux lucens in tenebris
Aue nimpha uenustatis. uirgo uenerabilis
Aue stella claritatis. luna sine nebulis
Aue decus sanctitatis. honor nri generis
Aue lampas lux celorz. laus & decus martirum
Thesaurus apostolorz. spes comunis omnium
Tu flos florum. fons ortoz lauans sordes tmmmz
Pax & honor confessorum. pulcritudo uirginuz
Tu es seruis adiuuamen. iutrix in piculis
Tu es lapsis releuamen. medicamen languidis
Mestis dulce consolamen. pia mater orphanis
Mater xpi uirgo. nulla tn tibi similis
Salutata sic fuisti. aue plena gratia
Verbo carnem concepisti. uirgo uiro nescia
Ihm xpm peperisti. qui saluauit omnia

*Le Seigneur Dieu tout-puissant, en m'accordant la grâce
de la fécondité, fait découler jusqu'à moi la bénédiction donnée
par sa main divine aux premiers ancêtres de la race humaine.
Mais cet honneur et les joies qu'il m'annonce, sont accompagnés
pour moi de douleurs et de dangers. Fille d'Ève prévaricatrice
[traître à sa charge], je dois sentir le poids de la malédiction
qu'elle attire sur sa tête. Sous le coup de cet anathème, je lève
mes mains vers vous, ô Marie, la nouvelle Ève, qui avez réparé
la faute de la première. Vous êtes l'honneur de notre sexe,
et vous l'avez élevé à une dignité plus haute que celle d'où notre
première mère l'avait fait déchoir. Venez donc à mon secours,
ô Sainte Vierge, mère de Dieu, aidez-moi à supporter des peines
que vous n'avez pas connues... Veillez donc, ô vous la plus tendre
des mères, sur l'être que je porte dans mon sein.*

Prière à Notre-Dame de Délivrance,
Quintin, non datée mais encore en usage au XIXe siècle.

Les prières réservées aux femmes enceintes montrent
que l'Église aborde la question de la féminité à partir
de deux figures antagonistes: Ève et Marie. La première
mène l'humanité à sa perte, la seconde coopère à son salut.
Dans les deux cas, la maternité constitue une étape déterminante
de leur destin. Ces deux visages de la féminité incarnent bien
le caractère contradictoire de la femme enceinte pour
le christianisme: le corps de la femme, capable de donner
la vie, est un « temple » sacré, mais il est aussi objet
de concupiscence et lieu où opère le péché de chair.

^
Bartolomeo Vivarini,
Madonna della Misericordia,
1473, tempera sur bois, Venise,
Santa Maria Formosa.

Aux xive et xve siècles, le christianisme prône davantage
la miséricorde que par le passé. La Vierge de Miséricorde,
fréquente dans l'art à cette époque, est souvent figurée enceinte
et abritant les croyants sous les pans de son ample manteau.

[...] même si les circonstances exceptionnelles de la maternité de Marie la distinguent des autres mères, elle a vécu cette expérience féminine : sa délivrance heureuse en fait la protectrice naturelle des femmes enceintes, toujours inquiètes des risques encourus jusqu'à leur retour de couches. Des prières spécifiques et les images de la Vierge enceinte constituent un support essentiel à la dévotion des femmes pendant leur grossesse.

En Orient, les arts byzantin et slave représentent souvent l'Enfant Jésus dans une mandorle placée sur la poitrine de la Vierge, mais cette Vierge du Signe, ou Platytera, évoque le fait qu'elle a « contenu » le Créateur plutôt que sa grossesse à proprement parler. Quant aux représentations de la Vierge enceinte en Occident, elles se développent à partir du XIIe siècle et atteignent leur apogée au XVe siècle. Cette époque, caractérisée par la glorification croissante de la Vierge, met en valeur l'humanité du Christ plus que sa divinité, et les images de la grossesse de Marie doivent précisément leur popularité au fait qu'elles donnent à voir le moment où Dieu s'est incarné en Jésus, où il a pris un corps d'homme.

La Vierge enceinte est généralement représentée debout, plus rarement assise, et vêtue d'une longue robe bleue et d'un manteau ouvert sur son ventre. Fréquemment figurée de trois quarts ou de profil, assez cambrée, elle tient parfois un livre qui symbolise le Verbe incarné. Sa grossesse est le plus souvent suggérée par la rondeur de son ventre ou le gonflement de sa robe, parfois aussi par un geste de la main, comme la *Madonna del Parto* de Piero Della Francesca (vers 1455). Cette peinture à fresque ornait à l'origine le retable du maître-autel de la chapelle Santa Maria de Momentana à Monterchi : la Vierge y est debout et de face, dans une attitude hiératique et impassible ; elle pose la main gauche sur sa hanche, cependant que la main droite désigne son ventre proéminent, mis en valeur par l'échancrure de sa robe bleue. Évitant le regard du spectateur, presque boudeuse, elle attend que s'accomplisse dans ses entrailles le mystère de l'incarnation et de la gestation du Christ. Toute l'œuvre joue sur les symboles de l'ouverture et de la fermeture, couramment associés à la Vierge. Ouverture, tout d'abord, des rideaux, maintenus de part et d'autre par des anges et dévoilant le mystère que recèlent la maternité de la Vierge et son corps extraordinaire, resté pur et clos. La seconde ouverture est signifiée à la fois par le geste de la Vierge et son vêtement. C'est ainsi que, comme n'importe quelle femme enceinte, Marie porte une robe sans ceinture et pourvue d'échancrures de confort réglables.

<
Piero Della Francesca,
Madonna del Parto, vers 1455,
fresque de la chapelle Santa Maria
de Momentana, déposée
au musée de Monterchi,
ville natale du peintre.

De la poitrine jusqu'au milieu du corps, le vêtement est en quelque sorte entrebâillé, et la Vierge semble en écarter elle-même les pans avec ses doigts. Elle ne laisse cependant pas voir son ventre, car un linge blanc, immaculé, couvre son corps virginal : le mystère de l'Incarnation ne peut en effet ni être approché ni touché. L'ouverture partielle du vêtement est une métaphore du corps de la Vierge, intact mais fécondé par Dieu. Même si Marie est présentée ici comme une femme à part, nimbée de mystère et de vertu, elle ne révèle pas moins, d'une certaine manière, « l'origine du monde ».

Le mystère de l'Incarnation peut être représenté de manière symbolique, montrant l'Enfant Jésus dans le ventre de sa Mère, sous les traits de l'Enfant Dieu bénissant et non comme un fœtus. Dans certains cas, le monogramme du Christ est figuré sur le ventre de la Vierge, ce qui fait également allusion à la grossesse.

Outre la peinture, la statuaire chrétienne recèle aussi de nombreux exemples de Vierges enceintes, notamment au XVe siècle, lors du développement du culte de la Vierge de l'Espérance en Italie, en Allemagne, et surtout en Espagne et au Portugal. Certaines statues en ronde bosse présentent une niche ménagée au niveau du ventre de la Vierge et contenant un Christ, fermée par un volet ou une paroi transparente, en cristal ou en verre. Le Christ « fœtus » est parfois amovible. Ces sculptures, surtout diffusées en Espagne et dans le monde germanique, s'apparentent davantage à des reliquaires qu'à une figuration « réaliste » de la grossesse. De telles représentations ont d'ailleurs été dénoncées, notamment lorsque la Vierge est désignée comme l'habitacle de la Trinité, ce qui est contestable du point de vue de l'orthodoxie.

Des représentations qui dérangent

Un nouveau contexte religieux conduit à la disparition des signes de grossesse dans l'iconographie religieuse en Europe à partir du XVIe siècle. Les excès de dévotion autour de certaines représentations de la Vierge enceinte, très prisées par les femmes grosses ou en couches, suscitent des réactions hostiles de la part des autorités religieuses dès le XVe siècle. Ainsi Jean Gerson (1363-1429), chancelier de l'Université de Paris, réprouve ces pratiques dans ses sermons et fait même détruire une statue de la Vierge dans un couvent de femmes de la capitale. Les critiques sont d'abord motivées par une nouvelle interprétation du dogme de l'Incarnation. Même si les théologiens s'accordent toujours à penser que le Christ reçoit une âme dès l'instant de sa conception, ils considèrent qu'il s'est développé progressivement dans le ventre de Marie : il est donc erroné de le représenter comme un petit homme entièrement formé dès le début de la grossesse.

> *Maria in der Hoffnung,*
XVe siècle, bois de tilleul polychromé,
Panschwitz-Kuckau,
couvent cistercien St.Marienstern.

Joseph Anton Zwickel,
Marienmonstranz
(ostensoir de Marie),
vers 1720-1740, argent doré,
verre, pierres, émail,
Salzbourg, Katholische
Hochschulgemeinde.

Aux XVIIe et XVIIIe siècles, la condamnation de l'image de la Vierge
enceinte conduit à représenter plus symboliquement la grossesse
de Marie. Dans le monde germanique, on réalise notamment
des ostensoirs richement ornés, qui la montrent avec une custode
circulaire sur la poitrine ou le ventre, destinée à recevoir et exposer
l'hostie consacrée. Ce type d'ornementation rappelle que Marie
a porté le corps du Christ.

La Réforme marque également une rupture avec le culte marial. Les protestants non seulement dénoncent certaines outrances, mais réfutent aussi la sainteté et la virginité post-partum de Marie : même si elle a porté le fils de Dieu, elle n'est qu'une simple femme à laquelle on ne doit aucun culte. Ces critiques conduisent l'Église catholique à réagir : elle convoque le concile de Trente (1545-1563) et lance la Contre-Réforme, qui opère une révision importante de sa discipline et réaffirme solennellement certains dogmes, dont ceux qui concernent la Vierge. Ce faisant, l'Église romaine réprouve les représentations explicites de la grossesse de Marie, à la fois pour des motifs théologiques et, ce qui est nouveau, au nom de la décence.

En 1563, le concile décrète que « désormais, toute superstition doit être bannie dans l'invocation des saints, la vénération des reliques, l'usage sacré des effigies ; que tout ce qui est jugé honteux soit éliminé, que toute indécence enfin soit fuie, afin que les effigies ne soient plus peintes ni décorées avec un charme insolent » (concile de Trente, XXVe session). De nouvelles sensibilités en matière de mœurs, particulièrement la pudeur, se répandent dans l'ensemble de la société. Certes, l'art de la Renaissance valorise la chair et la nudité, mais cette évolution est surtout notable dans l'art profane et pour le corps masculin. En effet, la Contre-Réforme prive peu à peu l'univers religieux de toute nudité : le Christ est rhabillé, et la Vierge allaitante, qui pourrait susciter des désirs coupables, est moins représentée ; quant à la grossesse, elle donne à voir de manière trop triviale le processus de la formation d'un petit être.

À la suite du concile de Trente, des théologiens entreprennent de préciser la position de l'Église sur les images. Ainsi, le *Traité des saintes images* rédigé en 1570 par Jean Molanus, chanoine et professeur de théologie à l'université de Louvain, exerce une influence durable dans ce domaine, fixant les codes de la peinture religieuse jusqu'à la fin du XVIIIe siècle. Il condamne notamment les Annonciations et les Visitations arborant un « fœtus », ainsi que les représentations de la Vierge enceinte. Il faut dire qu'à partir du XVIIIe siècle, il est admis que Marie n'est pas soumise à la malédiction du péché originel (principe de l'Immaculée Conception, érigé en dogme au XIXe siècle), et qu'elle a accouché sans douleur, et sans l'assistance d'une sage-femme. Montrer les signes de sa grossesse à la manière de celle d'une femme ordinaire, avec un ventre proéminent, semble donc s'opposer à ce trait de perfection et contrevenir à la décence même : désormais, la maternité de Marie constitue un modèle surtout spirituel. Peu d'artistes se risquent donc à l'exercice, tandis que le clergé va jusqu'à faire brûler des statues ou peintures de la Vierge enceinte jugées « indécentes », malgré leur popularité.

Un culte résiduel à l'issue de la Contre-Réforme

Consécutivement au concile de Trente, les images de la Vierge enceinte, devenues beaucoup plus rares, présentent des différences notables dans les diverses régions d'Europe. Il n'y a guère que dans les pays ibériques que la dévotion à la Vierge enceinte continue d'être largement tolérée. Le culte de la *Virgen de la Esperanza* ou *Virgen embarazada* y est demeuré fervent. Nombre d'églises espagnoles ou portugaises abritent encore aujourd'hui des statues de la Vierge arborant explicitement les signes de la grossesse.

Le monde germanique recèle plusieurs exemples de représentations de la Vierge enceinte et solitaire. Il s'agit souvent d'images de piété inspirées de la statue très vénérée de l'église de Bogenberg, en Bavière, reproduites en grand nombre jusqu'au XIXᵉ siècle sur des supports bon marché : elles figurent la Vierge debout, les bras croisés en haut du ventre, lequel laisse apparaître le Christ en prière. Ces images, qui se veulent des supports à la dévotion, ne sont pas perçues comme des œuvres d'art.

Les œuvres sculptées représentant la Vierge enceinte après le XVIIᵉ siècle sont moins rares que les œuvres peintes ou gravées. Il s'agit souvent de sculptures mineures, qui ornent des édifices modestes et dont les auteurs demeurent en général inconnus. C'est peut-être leur discrétion qui les a fait tolérer par la hiérarchie ecclésiastique, ainsi que

∨

Vierge enceinte de Bogenberg,
Allemagne, s.d. [XVIIIᵉ-XIXᵉ siècle],
image de piété.

>

Vierge enceinte,
XVᵉ siècle, marbre polychromé,
Évora, cathédrale Notre-Dame-de-l'Assomption.

Cette Vierge enceinte portugaise du XVᵉ siècle continue d'être l'objet d'une intense dévotion au cours des siècles suivants, comme en témoigne le splendide autel baroque qui lui a été dressé.

l'attachement des fidèles à leur égard. Une vingtaine de ces sculptures subsistent aujourd'hui en France.

Dans l'église Saint-Julien-et-Sainte-Basilisse de Cucugnan (Aude), une petite Vierge enceinte en bois sculpté et doré, datée du XVIIᵉ ou XVIIIᵉ siècle, est figurée debout, tête nue, « revêtue de soleil » avec la Lune à ses pieds, en prière, les mains jointes, dans la posture classique de la Vierge de l'Apocalypse. Ici, les bras étreignent un ventre bien rond, dont la proéminence est accentuée par les plis de la robe et le revers bleu d'un pan du manteau moulant la taille. Cette représentation inhabituelle de la Vierge se révélera – tardivement – choquante : en 1930, le curé du village met ouvertement en cause son « attitude spéciale » et décide de se débarrasser de la statue, qu'il envoie au musée de Carcassonne. Or la grêle frappe durement la contrée au cours des années suivantes, tant et si bien que les Cucugnanais réclament – avec succès – le retour de leur « Dame »... Témoignage éclatant de la piété populaire ancestrale, cet événement montre que les fidèles accordaient une grande importance à ce type de représentation de la Vierge, et qu'ils ont pu de la sorte contribuer à sauver certaines œuvres de la relégation ou de la destruction.

Mère et vierge

L'Église a énoncé très tôt comme une vérité de foi la virginité perpétuelle de Marie : c'est la singularité de la mère de Jésus d'être « vierge avant comme après l'enfantement ». Son fils n'est pas le fruit d'un désir charnel, et il échappe aux souillures habituellement associées au corps féminin puisqu'il est admis que Marie est « immaculée », pure et indemne du péché originel. Marie a enfanté, mais, dit-on, sans avoir jamais été réglée et surtout sans douleur, car elle n'a pas connu la faute. Son accouchement n'est donc pas comparable à celui que vivent les autres femmes, sa maternité étant élevée au-dessus de la nature, de la chair qu'elle transfigure et transcende. En outre, les qualités suprêmes de la Vierge la tiennent à distance des femmes ordinaires, ce qui limite finalement l'identification à sa maternité : Marie est aussi un modèle d'abnégation, d'humilité, de soumission et d'esprit de sacrifice. Le christianisme tend ainsi à exalter la maternité symbolique et spirituelle de la Vierge, plus que sa maternité charnelle. Sans doute parce qu'elle n'a pas connu la souffrance de l'accouchement et parce que son rôle d'éducatrice de Jésus, qui est Dieu lui-même, cède à celui de disciple, Marie se voit associée dans la tradition chrétienne à toute une myriade de saintes et de saints dans les demandes de protection des femmes enceintes.

<

Vierge enceinte,
fin du XVIIᵉ-début du XVIIIᵉ siècle, bois doré et polychromé, Cucugnan, église Saint-Julien-et-Sainte-Basilisse.

Les épisodes bibliques de la grossesse de la Vierge
EN IMAGES

Si l'iconographie religieuse de la Vierge enceinte désigne rarement un stade précis de la grossesse, certains épisodes de la maternité de Marie ont particulièrement inspiré les artistes. À commencer par l'Annonciation, ou l'annonce faite à Marie par l'ange Gabriel, qui concerne la conception, l'instant clé de l'Incarnation. Le récit de la visite de la Vierge à sa cousine Élisabeth fournit quant à lui le thème le plus fréquemment représenté de la grossesse elle-même.

La grossesse exposée: la Visitation dans l'art

Les artistes se réfèrent ici directement à l'Évangile de saint Luc, qui est le seul à avoir évoqué cette période de l'attente (Lc 1, 36-40 et 56-57): après avoir entendu l'ange Gabriel lui annoncer qu'elle mettrait au monde le fils de Dieu,

« Marie partit et se rendit en hâte vers la région montagneuse, vers une ville de Juda. Et elle entra chez Zacharie et salua Élisabeth. Or dès qu'Élisabeth entendit la salutation de Marie, l'enfant bondit dans son ventre, et Élisabeth fut remplie de l'Esprit Saint; et elle poussa un grand cri et dit: "Tu es bénie entre les femmes et béni le fruit de ton ventre! Et d'où m'est-il donné que vienne vers moi la mère de mon Seigneur? Car, vois-tu, dès que la voix de ta salutation est arrivée à mes oreilles, l'enfant a bondi d'allégresse dans mon ventre. Et bienheureuse, celle qui a cru en l'accomplissement de ce qui lui a été dit de la part du Seigneur!" » (Bible d'Osty, Lc 1, 39-41, Seuil, 1973.)

Marie vit alors le tout début de sa grossesse, alors que sa cousine, restée longtemps stérile, est enceinte de six mois. Élisabeth, qui a atteint un âge avancé, doute d'ailleurs de son état avant de sentir « tressaillir » son enfant, le futur Jean-Baptiste.

L'établissement de la fête de la Visitation au XIIIe siècle et les révélations d'une moniale mystique allemande, sainte Mechtilde de Magdebourg (1207-1283), font connaître ce mystère médité dans la prière du rosaire – diffusée par saint Dominique au début du siècle: la Visitation est le deuxième des cinq mystères joyeux, avec l'Annonciation, la Nativité, la Purification et les retrouvailles de Jésus au Temple. Dès lors, et jusqu'au XVIe siècle, la Visitation devient un motif prisé parmi les artistes. Enlumineurs et peintres, plus rarement sculpteurs, figurent la rencontre des deux femmes et la salutation d'Élisabeth à la Vierge, reprenant un modèle iconographique observé dans l'art byzantin dès le VIe siècle et qui n'évoluera plus guère jusqu'à la fin du Moyen Âge.

Maître Heinrich de Constance,
Visitation, couvent de St.Katharinental,
1310-1320, bois de noyer
polychromé et doré, cabochons
de cristal de roche et argent doré,
New York, The Metropolitan
Museum of Art (MET).

La Visitation est parfois représentée en sculpture.
Ce groupe appartenait autrefois au monastère des
dominicaines de St.Katharinental, près de Diessenhofen
(Suisse), sur le Rhin. Les cavités ménagées dans le ventre
de Marie et d'Élisabeth, fermées par un cabochon
en cristal de roche, laissaient voir les images de Jésus
et de Jean-Baptiste *in utero,* aujourd'hui disparues.

Certaines Visitations arborent des « fœtus » sur le devant du ventre des deux futures mères. Si l'on ne connaît pas précisément l'origine de ces représentations, les plus anciennes semblent avoir été réalisées entre le IXe et le XIIIe siècle à la périphérie de l'Empire byzantin, en Arménie, à Chypre et dans les Balkans. Les échanges et les croisades ont pu contribuer à propager le motif dans une aire plus large, mais l'on ne peut établir que l'Orient ait ici directement influencé l'Occident : le motif fait l'objet d'une réinterprétation particulière en Europe, où il devient très populaire aux XIVe et XVe siècles, notamment dans les pays germaniques – Allemagne, Autriche, Suisse, Italie du Nord, Bohême et Moravie. À cette époque, un fort courant mystique touche les femmes des milieux cloîtrés dans les régions de langue allemande. S'identifiant à la Mère du Christ et se percevant aussi comme « épouse du Christ », les religieuses cherchent à accéder au divin en s'unissant spirituellement à lui. Les images, supports à la prière et à la contemplation, jouent un rôle fondamental dans ces pratiques mystiques. En dehors des monastères, les représentations de la Visitation sont aussi très populaires auprès des fidèles laïcs, auxquels elles offrent un modèle qui valorise la maternité.

Dans les Visitations, Marie et sa cousine sont fréquemment représentées à l'extérieur, dans un paysage naturel, plus rarement en intérieur. Elles se tiennent généralement debout, très proches l'une de l'autre, s'étreignant ou s'embrassant. Parfois, et seulement à partir du XIVe siècle, Élisabeth se prosterne devant Marie, vénérant en elle la mère de Dieu et le Fils qu'elle porte. Marie, d'allure plus juvénile que celle de sa cousine, est revêtue de ses couleurs traditionnelles, le rouge et le bleu, la tête généralement nue, symbole de virginité, alors qu'Élisabeth a la tête couverte d'un voile, comme il sied aux femmes mariées.

Entre le XIVe et le XVIe siècle, les artistes figurent souvent la grossesse des deux cousines, simplement par le gonflement explicite des robes ou des ventres ronds. Malgré le décalage dans le stade des deux grossesses, Marie arbore un ventre plus proéminent que celui d'Élisabeth, ce qui est évidemment symbolique. En effet, on rapportait que le Christ aurait été formé instantanément sous l'action du Saint-Esprit : le ventre de Marie se serait donc arrondi plus rapidement que celui d'une femme enceinte ordinaire. Dans certaines images, ce sont les gestes des deux femmes qui désignent leur état de grossesse, Marie et Élisabeth se touchant mutuellement le [...]

[...] ventre ou les seins. Parfois, une main, l'index tendu, pointe le ventre de la Vierge.

Pour dépeindre le « tressaillement » évoqué par saint Luc et signifier clairement l'Incarnation, certains artistes n'ont pas hésité à montrer les petits êtres en gestation dans le ventre de leurs mères. Même si ces images donnent à voir ce qui n'a jamais pu être perçu jusqu'alors, à savoir les fœtus, elles ne cherchent pas à les représenter de manière réaliste ni à faire état des connaissances anatomiques de l'époque. En conformité avec les Évangiles, les postures de Jésus et de Jean-Baptiste sont codifiées et surtout symboliques : il s'agit toujours de petits enfants totalement formés, disposés soit dans une cavité figurant l'utérus, soit devant le ventre maternel ; Jean-Baptiste, agenouillé devant le Christ qui le bénit, reconnaît en lui son maître, dont il est le « Précurseur ».

La Contre-Réforme tend à faire disparaître les signes de la grossesse des scènes de la Visitation. À partir du XVIIᵉ siècle, les œuvres se conforment aux nouveaux codes en vigueur, et l'iconographie devient très conventionnelle, sans évolution notable désormais, d'autant que la peinture religieuse n'est guère agitée par les révolutions formelles. Le motif de la Visitation se raréfie au XIXᵉ siècle et son traitement reste très convenu, même chez des peintres inventifs comme Maurice Denis ou Odilon Redon.

Le doute et le repentir de saint Joseph

Les Évangiles canoniques – intégrés au Nouveau Testament – ne s'attardent guère sur la maternité de Marie. Cependant, outre la Visitation, les artistes ont parfois représenté d'autres épisodes de la grossesse de la

<
Le Doute de saint Joseph,
XIVᵉ siècle, ivoire sculpté,
Paris, musée national du Moyen Âge-
Thermes de Cluny.

Dans les œuvres dédiées au doute ou au repentir de saint Joseph, la main divine ou des anges instruisent Joseph du mystère de l'Incarnation. Sur certains tableaux, tels *Le Doute de saint Joseph* du Maître strasbourgeois (1410-1420, Strasbourg, musée de l'Œuvre), des objets symboliques évoquent la virginité de Marie, comme l'arbuste planté dans un pot crénelé ou la fontaine fermée.

^

Alessandro Tiarini,
Le Repentir de saint Joseph,
vers 1617-1619, huile sur toile,
Paris, musée du Louvre.

Vierge, puisés, quant à eux, aux Évangiles apocryphes. Ces récits, célèbres surtout en Orient, abordent volontiers le thème et fournissent davantage de détails. Redécouverts en Occident au XIIIe siècle, ils influencent durablement l'imaginaire et constituent une source d'inspiration importante pour les artistes au Moyen Âge. Ainsi le Protévangile de Jacques se révèle-t-il particulièrement prolixe sur la grossesse de la Vierge (Protév. Jc 12, 3 ; 15, 1-4 ; 16, 1-3). Il rapporte notamment qu'après avoir passé trois mois chez sa cousine Élisabeth, la Vierge rentre chez elle à Nazareth. Joseph, qui s'est momentanément absenté pour se rendre sur un chantier à Capharnaüm, découvre à son retour que sa femme est enceinte de six mois. Stupéfait, il suspecte une inconduite, lui fait de sévères reproches et décide de la répudier. Mais un ange lui révèle en songe l'origine de la grossesse de Marie ; alors Joseph demande pardon à la Vierge d'avoir douté d'elle. Cet épisode est traité à plusieurs reprises dans l'art au Moyen Âge, tant en peinture qu'en sculpture.

Après le XVIe siècle, l'épisode du doute de saint Joseph n'est plus guère traité par les artistes. *Le Repentir de saint Joseph,* d'Alessandro Tiriani, peint au XVIIe siècle pour la chapelle de la famille Monticelli dans l'église des Mendicanti à Bologne, est une exception. On y voit Joseph aux pieds de Marie, implorant son pardon. La posture de la Vierge est imposante et spectaculaire, notamment par son ventre véritablement rebondi. Ce type de tableau est tout à fait inhabituel, mais il montre que, même en pleine Contre-Réforme, une figuration explicite de la grossesse de la Vierge est parfois possible.

<
Georges de La Tour,
La Femme à la puce,
vers 1625-1650,
huile sur toile,
Nancy, Musée lorrain.

La toile de Georges de La Tour intitulée *La Femme à la puce* représente une femme de condition modeste, dont les vêtements de nuit légers dévoilent une grossesse avancée. L'interprétation de cette scène reste incertaine : certains y voient une servante séduite prête à accoucher, d'autres une pécheresse repentante égrenant son chapelet, ou encore Marie mise à l'écart par Joseph quand il apprend sa grossesse.

À la fin du XXe siècle, la grossesse de la Vierge
reste difficile à montrer, comme en témoigne le scandale
provoqué par le film de Jean-Luc Godard intitulé *Je vous salue
Marie,* qui transpose l'histoire des parents de Jésus dans
le monde moderne: Marie, étudiante, travaille dans
une station-service, tandis que Joseph est chauffeur de taxi.
À sa sortie dans les salles de cinéma, en 1985,
des catholiques intégristes protestent bruyamment
contre le film, réclamant son interdiction pour blasphème.
L'affiche concourt au scandale, puisqu'on y voit le ventre
supposé de Marie, arrondi et dénudé jusqu'au pubis,
offert à une main qu'on imagine être celle de l'archange
Gabriel ou de Joseph. Pourtant, la presse catholique
se montre généralement intéressée par la manière renouvelée
avec laquelle le cinéaste traite le mystère de l'Incarnation
et le secret de la vie.
À une époque où la contraception est banalisée
et où les femmes peuvent « faire un bébé toutes seules »
ou sans recours à la sexualité (FIV), ce film est aussi
une « réflexion sur la recomposition de la famille
et du couple dans la société contemporaine »
(Nathalie Malabre, « *Je vous salue Marie* de Jean-Luc Godard:
modalités et enjeux d'un retour du religieux au cinéma »,
Cahiers d'études du religieux, juin 2012).

^
Affiche du film
Je vous salue Marie,
de Jean-Luc Godard, 1985.

La protection divine
DE LA GROSSESSE

Sainte Anne et saint Joachim, les parents de la Vierge, ont attendu longtemps avant de pouvoir mettre au monde l'enfant désiré. C'est pourquoi ils sont offerts à la dévotion des couples mariés, et plus particulièrement comme un secours privilégié pour ceux qui souhaitent une descendance – notamment à travers les images de la Rencontre d'Anne et Joachim à la Porte dorée. Le culte de sainte Anne se développe au XVe siècle. S'il s'accompagne déjà de multiples représentations de l'Éducation de la Vierge – où l'on voit sainte Anne enseignant la lecture à la jeune Marie –, sainte Anne est aussi montrée enceinte de la Vierge. On lui attribue alors des signes de grossesse comparables à ceux qui étaient réservés à sa fille : sainte Anne est figurée enceinte de Marie de la même manière qu'on représente Marie enceinte de Jésus. Rares sont les statues anciennes de ce type, très vénérées par les femmes stériles ou enceintes, qui sont parvenues jusqu'à nous.

Saintes et saints protecteurs

Outre la Vierge et sainte Anne, les saints auxquels les femmes enceintes font appel sont si nombreux qu'il est impossible de les énumérer tous. Ils sont souvent polyvalents et se prêtent à diverses variantes : beaucoup sont invoqués sans distinction contre la stérilité, pour veiller sur la grossesse et obtenir une heureuse délivrance. Enfin, les femmes ne se limitent pas à un seul recours, mais multiplient les précautions en s'adressant tant à la Vierge qu'à des saints très renommés ainsi qu'aux saints locaux, proches et familiers. Rien qu'à Paris, au XVIe siècle, quelque soixante-dix saintes ou saints sont réputés faciliter l'enfantement.

Les saintes dont les femmes demandent l'intercession n'ont pas nécessairement connu la maternité ni même l'état de grossesse : c'est le cas de sainte Marguerite, qui est pourtant la référence incontournable des élans de piété féminins. Présentée comme une vierge martyre du IVe siècle, Marguerite d'Antioche, connue sous le nom de Marine en Orient, est vénérée

> Jean Bellegambe,
*Sainte Anne concevant
la Vierge* (détail, avec au fond :
rencontre de sainte Anne
et saint Joachim à la porte Dorée,
annonciation à Joachim,
et sainte Anne faisant l'aumône),
XVe siècle, huile sur panneau de bois,
Douai, musée de la Chartreuse.

Le tableau montre sainte Anne enceinte de la Vierge, mais celle-ci est représentée sous les traits d'une femme adulte en prière, irradiant du sein maternel. Sur la statue de sainte Anne conservée au musée des Beaux-Arts de Rouen, la Vierge est même représentée nue, le ventre gonflé, au centre d'une mandorle lançant des rayons. Quelques rares vitraux figurent également sainte Anne enceinte, tels ceux de la verrière de l'église Saint-Martin de Maast-et-Violaine ou de l'église Saint-Valérien de Châteaudun.

De nombreuses images pieuses sont consacrées à sainte Marguerite depuis le Moyen Âge jusqu'au XIXᵉ siècle. On y voit la sainte portant ses attributs - une grande croix et une palme -, représentée au moment où elle sort du ventre du dragon ou côtoyant le monstre qui semble apprivoisé. Sur certaines images, on peut lire une prière spécifiquement destinée aux femmes enceintes : « Priez pour moi et pour toutes les femmes enceintes, à ce que Jésus-Christ, l'époux des saintes âmes, veuille conserver mon fruit, et le préserver du péril de la mort et des atteintes du mauvais ange, et me faire la grâce de souffrir, par forme de martyre, toutes les douleurs causées par ma grossesse, afin qu'étant parvenue à un heureux enfantement, je puisse produire au monde une créature digne du baptême, pour la gloire de Dieu. Ainsi soit-il. »

depuis le haut Moyen Âge par les femmes enceintes et en couches, et son culte est resté immensément populaire jusqu'au XIXᵉ siècle. L'hagiographie médiévale se plaît à construire sa légende en compilant divers emprunts aux récits de la vie de sainte Pélagie et d'autres saintes, lui assignant même les pouvoirs et attributs dévolus tant aux déesses mères gauloises qu'aux déesses romaines présidant à l'accouchement, telles Lucine et Diane. Durant des siècles, toutes les femmes connaissent l'histoire du martyre de sainte Marguerite, jeune noble chrétienne : alors qu'elle gardait le troupeau de moutons de sa nourrice, le préfet d'Antioche, Olibrius, de passage, s'éprend d'elle et veut l'épouser. Malgré les promesses puis les menaces d'Olibrius, Marguerite, qui a fait vœu de virginité, repousse ses avances. Torturée et jetée en prison, elle refuse de céder. Pendant son sommeil, le diable lui apparaît sous la forme d'un dragon qui l'engloutit. Mais d'un signe de croix, la prisonnière crève les entrailles du monstre et peut s'extraire de son ventre sans dommage. Enfin, elle terrasse la bête en posant son pied sur sa tête. Olibrius redoute que l'exemple donné par la jeune fille n'entraîne de

nombreuses conversions au christianisme, et il la fait décapiter. Avant d'être exécutée, la jeune martyre demande à Dieu le privilège de pouvoir secourir les femmes en mal d'enfant. En effet, même si elle n'est pas mère, sa captivité dans le ventre du monstre, d'où elle est sortie indemne, symbolise l'accouchement heureux.

La légende de sainte Marguerite fait symboliquement du ventre de la femme enceinte une prison : telle une « enceinte », l'utérus enveloppe et protège l'enfant à naître tout en le retenant. Dans les mentalités traditionnelles, l'enfant enfermé dans la matrice est ainsi assimilé à un prisonnier qu'il faudra délivrer. Les femmes enceintes

>

Sainte Marguerite et le dragon, enluminure illustrant les *Images de la vie du Christ et des saints,* Hainaut, vers 1285-1290, Paris, Bibliothèque nationale de France, NAF 16251 ; fac-similé : *Le Livre d'images de Madame Marie,* Paris, Cerf, Bibliothèque nationale de France, 1997, 4-FAC SIM-1068.

invoquent donc des saints qui sont des libérateurs, comme saint Léonard, protecteur des prisonniers, ou sainte Marguerite, patronne des sages-femmes et des accouchées. Elles pratiquent aussi toutes sortes de rites d'ouverture.

Des objets de dévotion

Outre les images pieuses, souvent accompagnées de prières ou de cantiques, la demande de protection divine s'effectue par l'intermédiaire d'objets privilégiés. Des rites mêlant rituels religieux et pratiques magiques sont mis en œuvre pour protéger la femme enceinte et favoriser d'heureuses couches. En effet, l'exaltation par les clercs de la maternité « spirituelle » de la Vierge pourrait expliquer que nombre de savoirs et pratiques protectrices hérités de l'Antiquité persistent parmi les femmes qui enfantent, même si leur signification première a été plus ou moins sublimée par la christianisation : passant par le support des objets, les rites de protection sont intrinsèquement moins abstraits que la prière. Ces objets rituels sont souvent conservés précieusement dans les familles durant plusieurs générations et transmis de mère à fille ou à belle-fille. Présentés à chaque accouchement, ils inscrivent l'événement dans la continuité, perpétuant un cadre ritualisé rassurant pour la parturiente.

Les femmes enceintes affectionnent particulièrement les rubans et ceintures de grossesse, qu'elles peuvent se procurer dans certains sanctuaires marials ou dédiés à une autre grande sainte protectrice de la maternité. Si le mot « enceinte », issu du latin *incincta,* « entourée », a parfois été traduit par « sans ceinture » (*Dictionnaire* de Furetière, 1702), on s'accorde plutôt sur le sens d'« entourée d'une ceinture ». Cet accessoire tient d'ailleurs véritablement une place importante dans l'habillement et dans les rites de dévotion spécifiques à la grossesse. L'usage rituel de la ceinture se fonderait sur une légende médiévale selon laquelle la Vierge, au cours de son Assomption, aurait laissé tomber sur la Terre la ceinture qu'elle portait autour de la taille, afin que saint Thomas ait une preuve de sa montée aux cieux. Aussi des traditions locales recommandent-elles de toucher la ceinture d'une statue de la Vierge, comme à l'église Notre-Dame de Nieigles, dans le Languedoc, ou de porter ses dévotions auprès d'une relique vestimentaire de la Vierge, comme à Quintin ou à Chartres (Sainte Chemise, découpée et dispersée en 1793), ou encore de se rendre en pèlerinage dans un sanctuaire consacré à la Vierge, comme Notre-Dame de Paris, ou au pied d'une Vierge noire, à Notre-Dame-de-la-Daurade de Toulouse ou à Notre-Dame du Puy. Le succès des ceintures comme objets

^

Contenu d'un sachet
d'accouchement,
XVe siècle, parchemin,
encre brune, gouache,
Marseille, musée
des Civilisations de l'Europe
et de la Méditerranée
(MuCEM).

L'utilisation de sachets d'accouchement est attestée depuis le Moyen Âge
jusqu'au XIXe siècle. Il s'agit de petites enveloppes en tissu, souvent de couleur
rouge, contenant une prière manuscrite ou imprimée ou une image pieuse.
Ces sortes d'amulettes sont tenues fermées et leur contenu doit demeurer secret,
ce qui renvoie symboliquement à la clôture de la matrice. Peu d'exemplaires
de ces sachets nous sont parvenus, car il convenait de les brûler sans les ouvrir
lorsqu'ils étaient très usés. Le sachet d'accouchement conservé au MuCEM
renferme un parchemin plié sur lequel est consignée une vie de sainte Marguerite
et plusieurs prières. On peut y lire : « Et si une femme en travail d'enfant
a cet écrit sur elle, tantôt se délivrera de l'enfant, ni l'enfant ne périra,
ni la femme ne mourra en ce moment. »

Médaille de protection
à l'effigie de sainte Anne,
Italie, XVIIᵉ-XVIIIᵉ siècle,
cuivre, verre, impression sur papier,
Marseille, musée des Civilisations
de l'Europe et de la Méditerranée
(MuCEM).

Les objets bénits occupaient autrefois une place très importante. Les médailles de la Vierge ou de sainte Anne sont censées appeler une protection divine particulière sur les femmes tout au long de leur grossesse et durant leurs couches. Les femmes enceintes ne les portent cependant pas autour du cou, en raison d'un interdit selon lequel elles doivent éviter symboliquement tout ce qui rappelle un lien, de crainte de provoquer l'étranglement du fœtus avec le cordon ombilical – seules les ceintures de grossesse échappent à cet interdit. Les médailles peuvent être glissées dans un sachet cousu à l'intérieur du vêtement, ou épinglées à la chemise de la parturiente au moment de l'accouchement. Aucune médaille médiévale n'est conservée; les plus anciennes qui nous sont parvenues datent des XVIIᵉ et XVIIIᵉ siècles.

propitiatoires durant la grossesse doit beaucoup à la forte charge symbolique dont elles sont investies : ces ceintures constituent un support matériel à l'invocation de la Vierge ou d'une autre sainte, en même temps qu'elles évoquent les contractions qui préparent l'accouchement. Les traditions populaires leur attribuent également la capacité de « lier » les douleurs ou les accidents susceptibles de survenir au cours de la grossesse : car les ceintures forment un cercle, une enveloppe protectrice autour de la femme – une allégorie commune à d'autres rites chrétiens.

Quelques-uns des objets réunis par les femmes en vue de leur heureux accouchement sont plus nettement des survivances de pratiques magiques véhiculées par des croyances anciennes. On notera que l'usage de diverses amulettes protectrices, comme les pierres d'aigle, est fréquemment dénoncé par les médecins comme par les autorités religieuses. Mais, dans les mentalités populaires, la limite est parfois floue entre religion, médecine traditionnelle et rites magiques, et ces objets ne contribuent pas moins à procurer un sentiment de sécurité aux femmes enceintes et en couches.

^

Ceinture de la Sainte Vierge,
s.d., lin, Quintin, basilique Notre-Dame-de-Délivrance.

À Quintin, en Bretagne, on vénère encore aujourd'hui une relique de la ceinture de la Vierge, rapportée de Terre sainte au milieu du XIIIe siècle par Geoffroy, premier seigneur de Quintin. Jusqu'au XVIIe siècle, cette ceinture de tissu de fil de lin était portée de maison en maison chez les femmes enceintes… qui en prélevaient parfois un morceau pour leur usage personnel. Le fragment qui subsiste à Quintin est désormais enchâssé dans un médaillon d'or serti de pierres précieuses, et exposé au centre de la basilique consacrée à Notre-Dame de Délivrance. Pour préserver la relique tout en faisant profiter les fidèles de sa protection, des rubans bénits mis en contact avec la relique sont proposés aux fidèles, jusqu'à nos jours. Dans une lettre datée de 1911, Paul Claudel invite ainsi son ami Jacques Rivière, qui va être bientôt père, à s'en procurer : « Je suis ému de la nouvelle que vous me donnez. Que Dieu et Notre-Dame protègent votre chère jeune femme ! Dans ma famille, toutes les femmes dans cette position demandent un ruban bénit dans un vieux couvent de Bretagne dont je puis vous donner l'adresse et jamais elles n'ont eu d'accidents. (…) J'espère que l'acte de confiance de Madame Rivière en la Sainte Vierge ne sera pas déçu, pas plus que le nôtre ne le fut jamais. »

La grossesse cachée

(XVᵉ-XIXᵉ SIÈCLE)

Volontiers figurées dans l'art chrétien des derniers siècles du Moyen Âge, les femmes enceintes ne sont plus guère visibles en Europe jusqu'à la fin du XIXe siècle. La grossesse se montre peu, tant en images que dans l'espace public, ce qui révèle un vécu féminin assez négatif : si la femme se doit d'être mère, être enceinte n'est pas nécessairement valorisant et épanouissant. Les pratiques vestimentaires témoignent d'ailleurs de stratégies féminines de dissimulation.

Vivre
SA GROSSESSE

L'expérience féminine de la grossesse reste difficile à cerner pour les périodes antérieures au XXᵉ siècle, les sources à la disposition des historiens étant essentiellement masculines – littérature, œuvres d'art, écrits médicaux. Cependant, les écrits privés, proverbes ou autres documents ethnographiques permettent d'appréhender une part de leur intimité et d'apprécier la place que tient la grossesse dans la vie des femmes, au-delà des représentations sociales.

Des jours
presque ordinaires

Peu représentées dans l'art, les femmes enceintes ne sont pourtant pas invisibles dans l'espace public. Depuis la Renaissance jusqu'au XIXᵉ siècle, elles ne sont pas astreintes à un confinement particulier pendant leur grossesse et poursuivent leurs activités ordinaires. Dans les milieux populaires, cet état

ne leur vaut pas de traitement de faveur, leur quotidien est aussi laborieux qu'en temps normal car chacune doit gagner de quoi vivre. Ainsi, à la campagne, le fait d'être enceinte ne dispense pas des multiples travaux dévolus aux femmes. Pierre-Jakez Hélias rapporte par exemple le cas de Marie-Jeanne Le Goff, qui « quittera vers onze heures le lavoir où elle a décrassé une montagne de linge. Elle trouvera la force de mettre au feu le repas de midi avant de faire appeler par une voisine la commère Marie-Jeanne Le Rest qui la délivrera [l'accouchera] vers trois heures » (Pierre-Jakez Hélias, *Le Cheval d'orgueil. Mémoires d'un Breton du pays bigouden,* Paris, 1975). Il n'est donc pas surprenant de lire sous la plume de curés et de médecins de nombreux cas de « perdeuses d'enfants » qui travaillent en étant enceintes de neuf mois et accouchent dans les champs ou au bord la route, et reviennent avec l'enfant dans le tablier ou la brouette. En ville, la grossesse n'interrompt pas davantage les activités féminines, que ce soit dans l'artisanat, le commerce ou l'industrie. Avant 1913, aucun congé de maternité ni aucune disposition légale particulière ne sont institués pour protéger la femme enceinte ou en couches dans le monde du travail. De toute façon, le repos n'est jamais recommandé aux femmes

^ PAGE 60
Véronèse, *Portrait
de la comtesse Livia da Porto Thiene
et sa fille Deidamia* (détail),
1552, huile sur toile,
Baltimore, The Walters Art Museum.

En 1552, la comtesse est enceinte de sa seconde fille Emilia, mais la grossesse n'est guère visible sur le tableau. Toutefois le bijou de ceinture terminé par une fourrure de martre, censée favoriser la fertilité et protéger la grossesse, est un indice de l'état de la comtesse.

^
Giandomenico Tiepolo,
détail d'une fresque
de la salle des Paysans
de la Foresteria
de la villa Valmarana,
1755, Vicence.

enceintes dans les milieux populaires, où l'activité est même considérée comme bénéfique : médecins et populations croient jusqu'au début du XIXᵉ siècle que les paysannes qui vaquent à leurs occupations jusqu'à leur terme « ont des grossesses et des couches heureuses », alors que les aristocrates oisives seraient malades et accoucheraient difficilement. La réalité est évidemment bien différente... Cette vie laborieuse s'accompagne toutefois de gestes de solidarité envers la femme enceinte, ainsi que de mesures de précaution, principalement symboliques et religieuses, pour protéger la grossesse.

Dans les classes sociales aristocratiques, l'épouse a une fonction essentielle de représentation, notamment à la Cour. La plupart des femmes de haut rang mènent donc une vie sociale riche : réceptions, promenades, concerts, opéra, bals occupent les journées et les soirées. Si certaines activités, jugées imprudentes, ne sont habituellement pas permises aux femmes enceintes – monter à cheval, danser à un stade avancé de gestation –, la grossesse ne semble pas entraver les mondanités. Ainsi, sous l'Empire, Laure Junot, duchesse d'Abrantès, doit accueillir en son domaine du Raincy la princesse de Wurtemberg et l'accompagner dans ses occupations. De 11 heures et demie à 15 heures, en calèche, elles poursuivent le cerf dans la forêt de Bondy,

ce qui fait tout de même dire à la duchesse : « Quant à moi, avec mes six mois et demi de grossesse, je commençais déjà à trouver la journée fatigante et il n'était encore que trois heures » (*Mémoires de la duchesse d'Abrantès*, 1835). Seuls des problèmes de santé importants peuvent imposer une restriction des activités, voire un retrait social complet.

Le nouvel idéal bourgeois qui se répand au cours des XVIIIᵉ et XIXᵉ siècles instaure le modèle de la femme au foyer : l'épouse doit être une maîtresse de maison accomplie et une mère dévouée qui se charge au quotidien de l'éducation de ses enfants. La grossesse s'adapte sans effort à cette existence plus domestique. Les femmes des élites continuent cependant d'assumer des fonctions de représentation, d'entretenir des liens privilégiés avec tout un réseau familial et amical, et, généralement, de mener des activités religieuses et philanthropiques. Alix de Lamartine, mère du célèbre poète, ne cesse pas, par exemple, de visiter et inviter parents, amis et relations jusqu'à la fin de ses grossesses. Elle prépare notamment un dîner pour dix-sept personnes dont les « préparatifs [lui] donnent de l'humeur », ou reçoit encore à déjeuner cinq jours avant d'accoucher (*Le Journal de Madame de Lamartine*, année 1801-1802). La grossesse n'impose donc pas le retrait de la vie sociale.

<

Vassili Maksimov,
Rêvant de l'avenir,
1868, huile sur toile,
Saint-Pétersbourg,
Musée russe.

Un état contraignant

Bien présentes et visibles dans l'espace public, quels que soient les milieux sociaux, les femmes enceintes ne cherchent pas à mettre en valeur leur état. Au contraire, elles dissimulent autant que possible les signes de leur grossesse. Les tabous religieux et les normes de pudeur sont évidemment intégrés par les femmes enceintes, qui ne peuvent afficher trop ostensiblement un état qui révèle le fruit d'un rapport sexuel. La grossesse est aussi dévalorisée parce qu'elle renvoie l'être humain à sa vie organique et à son animalité. En outre, les transformations physiques dues à la grossesse sont perçues comme une altération de la beauté féminine, dont les canons reposent entre autres, depuis la Renaissance, sur la fraîcheur et la blancheur de la peau, la qualité du maintien, l'allure générale de la silhouette, la finesse de la taille. La femme enceinte, avec ses formes alourdies, son ventre proéminent, voire son masque de grossesse ou des œdèmes divers, n'est guère un modèle pour les artistes, ni une référence flatteuse pour les femmes. Pour la majorité d'entre elles, la grossesse est également vécue comme un état pénible et douloureux. Certes, les grossesses sans histoire laissent peu de traces, mais maladie et douleur étant admises comme l'accompagnement ordinaire du processus reproductif, elles ne sont donc pas vécues, selon toute vraisemblance, comme une expérience agréable. Dans les correspondances ou les journaux féminins des XVIIIᵉ et XIXᵉ siècles, les femmes enceintes se disent « incom-modées » et se considèrent très souvent comme « malades », même dans les cas de grossesse les plus heureux. Si les maux évoqués sont variés et souvent bénins – douleurs diverses, troubles alimentaires et digestifs, maux de tête, étouffements, vertiges, etc. –, ils confèrent à cette étape de la maternité un caractère désagréable et parfois dangereux. La vision féminine s'accorde dans ce domaine avec celle des médecins, qui dissertent abondamment jusqu'au XVIIIᵉ siècle des maux de la grossesse. Même George Sand reprend l'opinion communément admise que la grossesse est un état pénible, quoiqu'elle en minore l'embarras :

« Je te rassurerai seulement sur l'intérêt que tu prends aux peines attachées à mon état. Je t'assure bien, chère amie, que ces peines-là ne sont pas grandes et qu'au contraire il n'est pas de souffrance plus douce que celle qui vous annonce un enfant. J'avoue qu'ensuite l'inquiétude, les chagrins souvent qu'ils vous causent, sont bien réels, mais je compte pour rien les maux physiques, et quand même le médecin, la garde, l'apothicaire, les maux de tête de toute espèce, etc., m'épouvanteraient autant que toi, je pense que les petites caresses du nouveau-né vous font tout oublier » (George Sand, *Correspondance...*, lettre à Émilie de Wismes, 30 janvier 1823).

Le vécu doloriste de la grossesse n'est toutefois pas dénué de sens. Outre qu'il s'inscrit dans la conception chré-

>

Louis Boilly, *Le Second Mois* (détail), dans *Les Grimaces*, Paris, 1827, lithographie de Delpech.

L. Boilly

J. lith. de Delpech.

Le second mois.

Jean-Baptiste Carpeaux,
« Premières espérances de la jeune femme »,
Album des fiançailles,
XIXᵉ siècle, fusain et pastel,
Valenciennes, musée des Beaux-Arts.

tienne de la souffrance qui donne une valeur aux maux féminins liés à la procréation, perdure l'idée en Occident que toute création est une épreuve. Se dire « malade » pendant sa grossesse est probablement aussi un moyen pour les femmes enceintes de donner une forme concrète aux peurs qui les agitent et de susciter la bienveillance et la protection de leur entourage.

Jusqu'à l'invention récente de l'échographie, la femme ne sait pas avant l'accouchement si le fœtus qu'elle porte est bien conformé, ni même combien de bébés elle s'apprête à mettre au monde. La peur de donner naissance à un monstre ou à un enfant anormal terrifie les mères, qui y voient la conséquence d'un châtiment ou d'une faute personnelle. En effet, jusqu'au XIXᵉ siècle, des pouvoirs considérables sont prêtés à la mère sur la conformation du corps, du caractère et de l'âme du fœtus, d'autant que tous deux sont supposés constituer un organisme unique. La femme enceinte est alors décrite comme un être très sensible et perméable, qui risque de transmettre à l'enfant des influences néfastes, le moindre de ses désirs ou choc émotionnel pouvant provoquer des séquelles physiques chez son enfant. Quelquefois, il ne résulte d'une défaillance qu'un modeste indice, comme une simple tache de vin attribuée à une « envie » de boisson non assouvie. Il arrive aussi que l'enfant soit victime d'une malformation grave, et l'on ne compte plus les cas de femmes enceintes effrayées par un animal qui accouchent de lapins, singes ou autres créatures étranges...

Les fausses couches, également souvent imputées à une faute de la mère, sont elles aussi très redoutées, non seulement parce qu'elles font encourir le risque d'une hémorragie fatale, mais encore parce qu'on ne peut baptiser un avorton sans vie. La grossesse est donc un temps d'angoisse jusqu'à son issue, le « moment critique » de l'accouchement étant toujours associé par les femmes à la confrontation avec la douleur, l'éventualité de séquelles, et surtout la menace de leur propre mort en couches ou celle de leur enfant. Enfin, les femmes ne maîtrisant guère la procréation, les grossesses non désirées, certainement assez nombreuses, laissent beaucoup d'entre elles accablées par la perspective des contraintes et des soucis supplémentaires liés à l'attente et à l'éducation d'un nouvel enfant. Ces représentations pessimistes expliquent que bien des femmes ne peuvent se réjouir d'être enceintes et répugnent à se faire représenter par les artistes au cours de leur grossesse, sauf dans des contextes particuliers. Elles cherchent aussi à camoufler leur grossesse par le biais du vêtement.

Jusqu'à la fin du XVIIIe siècle, les écrits
médicaux relatent avec une certaine
complaisance les cas de naissances monstrueuses
et se perdent en conjectures sur leurs causes.
Si l'idée d'une sanction divine cède du terrain,
le pouvoir de « l'imagination » des femmes enceintes,
ou même des « envies », est souvent invoqué pour
expliquer une imperfection ou une difformité.
Le scepticisme l'emporte face à ce préjugé chez
les médecins au XIXe siècle, mais cette croyance reste
tenace parmi la population jusqu'au XXe siècle.

L'image ci-contre montre des jumeaux conjoints,
aujourd'hui appelés « ischiopages »: dans la partie
supérieure, la mère est représentée pendant
sa grossesse, suivie d'un objet difficilement
identifiable mais qui renvoie à l'origine supposée
de la monstruosité de sa progéniture.

Acta physico-medica Academiae Caesareae
Leopoldino-Carolinae naturae curiosorum exhibentia
ephemerides, sive observationes historias et experimenta,
Nuremberg, 1730, tab. V, gravure,
Paris, Bibliothèque interuniversitaire de santé (BIU Santé).

Dissimuler la grossesse:
UNE BIENSÉANCE VESTIMENTAIRE

On connaît mal les pratiques vestimentaires de la grossesse en vogue avant le XXe siècle. Les seuls conseils écrits sont ceux des médecins, prodigués dans les traités d'accouchement ou les ouvrages d'hygiène. Ces recommandations portent sur des vêtements amples, susceptibles de ne pas perturber le développement du ventre ni gêner la circulation sanguine ; elles préconisent en outre de préserver le ventre de toute agression climatique. Les manuels d'étiquette et la presse féminine restent en revanche muets sur les usages vestimentaires pendant la grossesse. Les journaux de mode, qui se multiplient aux XVIIIe et XIXe siècles, présentent des tenues pour toutes sortes de circonstances : costume pour le chemin de fer, toilette de théâtre, toilette de courses, etc., mais rien pour les femmes enceintes. Tout au plus décrit-on par des périphrases des modèles pour « mariées de quelques mois » ou pour femmes « devant garder la chambre » – toujours larges et confortables, garnis de fanfreluches sur le devant. Cette attitude pudibonde témoigne du caractère jugé inconvenant et disgracieux de la grossesse, ainsi que de l'inexistence, jusqu'au début du XXe siècle, d'une mode spécifique pour les femmes enceintes.

Vers une garde-robe adaptée

L'art le montre explicitement : à partir de la Renaissance et jusqu'au XIXe siècle, les vêtements mettent en scène le corps féminin de manière très sexuée : poitrine, hanches, fesses sont valorisées, notamment grâce au port du corset. Mais contrairement à aujourd'hui, la grossesse n'incarne pas alors le plus haut degré de la féminité : le corps de la femme enceinte étant envisagé sous l'angle de la maladie, de l'inconfort et de l'enlaidissement, il ne vient pas à l'idée de le magnifier par l'habillement. Tout est donc fait pour dissimuler la grossesse et cacher le ventre. Néanmoins, comme les femmes enceintes ne vivent pas en retrait de la société, elles adaptent leur garde-robe à la mode du temps. Les femmes des classes populaires, qui n'ont pas les moyens de se vêtir de neuf pendant leur grossesse, portent le plus longtemps possible leurs vêtements habituels et les ajustent quand le besoin s'en fait sentir. Les manuels destinés aux couturières ou tailleurs rappellent

^

Jean-François de Troy,
Assemblée dans un parc,
ou La déclaration d'amour,
1731, huile sur toile,
Berlin, château de Charlottenburg.

Le tableau de de Troy montre plusieurs robes « volantes »
ou « battantes », reconnaissables notamment à leur ampleur
au dos. Les robes peuvent être vagues sur le devant, et plus
ou moins ouvertes selon les modèles.

d'ailleurs que l'habit de la jeune femme doit pouvoir être modifié commodément selon les besoins et proposent diverses astuces pour adapter jupes, corsages et cache-corset : ouverture progressive des plis et coutures, desserrage des fronces, ajouts de soufflets ou de laçages. Les vêtements conservés dans les musées présentent quelquefois ce type de modifications. Cependant, la quasi-totalité des vêtements de femmes enceintes qui nous sont parvenus semblent avoir été réalisés exprès pour la grossesse : ce sont généralement ceux de femmes de milieux aisés, qui ont eu la possibilité de faire tailler des vêtements neufs adaptés à leurs mensurations.

La mode évoluant considérablement entre le XVIIe et le début du XXe siècle, on ne peut guère observer comment les femmes enceintes ont composé avec les goûts vestimentaires de leur époque sans passer en revue les grandes étapes de l'histoire du costume. À plusieurs reprises, les innovations sont dues à des femmes enceintes, notamment à des favorites ou à des reines : les nouveautés lancées par des femmes de premier plan pouvaient initier une tendance, « malgré » une grossesse.

De la « robe volante » à la « robe en chemise » (XVIIe-XVIIIe siècle)

À partir du XVIIe siècle, l'évolution de la mode est déterminée, chez les femmes des élites, par la transformation du corps à baleines, ancêtre du corset, en une armature qui se déploie du décolleté jusqu'à la taille. Le ventre proéminent de la femme enceinte devient alors plus difficile à intégrer dans la robe que par le passé. À la fin du siècle et durant la majeure partie du XVIIIe siècle, se développe aussi l'usage des paniers, dont l'ampleur progressive a pu parfois contribuer à dissimuler l'état de grossesse.

Vers 1705-1715, s'instaure la mode de la robe dite « volante », « battante », « andrienne » ou encore « robe à plis Watteau », qui rencontrera un succès considérable. On prête plusieurs origines possibles à cette robe, dont certaines impliquent une grossesse. Particulièrement ample, l'andrienne dériverait de la robe d'intérieur, ou robe de chambre, très en vogue à la fin du XVIIe siècle et souvent portée par les femmes enceintes. Mme de Montespan, maîtresse de Louis XIV et enceinte sept fois entre 1669 et 1678, revêtait ainsi pendant ses grossesses un négligé qui l'enveloppait dans des ruches de dentelles et des draperies. La princesse Palatine laisse entendre que la favorite est directement à l'origine de la mode de la robe battante, d'abord jugée scandaleuse car il s'agit d'une tenue d'intérieur : « Mme de Montespan avait inventé les robes battantes pour cacher ses grossesses, parce que ces robes-là ne laissent pas voir la taille, mais lorsqu'elle les prenait, c'était comme si elle eût écrit sur son front ce qu'elle voulait cacher ; tout le monde disait à la cour : "Mme de Montespan a pris sa robe battante, donc elle est grosse". Je crois qu'elle le faisait à dessein, et dans l'idée que cela lui donnerait plus de considération à la cour, c'était ce qui arrivait en effet » (Élisabeth Charlotte de Bavière, *Correspondance de Madame, duchesse d'Orléans, née princesse Palatine,* lettre du 9 août 1718). Ce récit – tardif – dissimule mal la haine que la princesse Palatine entretenait à l'encontre de Mme de Montespan, et l'explication fournie ne paraît guère concluante puisque la robe battante ne s'impose réellement que trente ans après les grossesses impliquées. L'origine de cette robe serait plus vraisemblablement inspirée par une représentation, en 1703, de la comédie *L'Andrienne* de Térence, traduite en vers français par Michel Baron en 1694 : l'actrice Dancourt, qui devait jouer le rôle d'une femme enceinte, monta sur scène vêtue de la sorte, lançant peut-être la mode à Paris.

L'andrienne, une robe vague qui convient à la grossesse, est soutenue par un panier circulaire. Plus ou moins ouverte sur le devant, peu ajustée, elle ménage une transition progressive entre le buste et la taille ; les manches sont en raquette et le dos comporte une série de plis profonds tombant librement jusqu'au sol. Le port de l'andrienne est attesté à la Cour : la duchesse de Bourgogne se fait d'ailleurs réprimander par Louis XIV qui la « trouva plus ajustée qu'à l'ordinaire avec une andrienne fort riche et somptueuse (…)

<
Robe à l'anglaise, années 1780,
toile de coton imprimée, ayant probablement
appartenu à Mme Oberkampf,
Jouy-en-Josas, musée de la Toile de Jouy.

La robe à l'anglaise est à la mode en France sous le règne de Louis XVI. La jupe est montée sur un corsage aux manches étroites et longues, baleiné seulement dans le dos et fermé devant par des pans appelés « compères », ce qui lui donne l'apparence d'une veste. La robe dite « de Mme Oberkampf » a été portée par une femme assez mince, puis elle a été modifiée, probablement pour une grossesse : le gilet de dessous est en effet plus large que la robe, deux morceaux ayant été ajoutés à la hauteur de la poitrine pour élargir l'ouverture frontale. Le mannequinage de la robe ne laisse toutefois pas voir cette particularité.

Femme adorée, et bientôt tendre Mere
Reçois ici l'hommâge qui t'est dû :
L'Epoux que tu choisis lors-qu'il eut tout perdu
Retrouve tout, puisqu'il a sçu te plaire.

^

Gravure illustrant La Borde,
Recueil de chansons
avec un accompagnement
de violon et la basse continue, 1775.

Sur cette gravure illustrant un recueil de musique de La Borde,
la femme, engoncée dans sa robe « à la polonaise », semble
parvenue à un stade avancé de la grossesse. Le corsage un peu
ajusté est en partie dissimulé par le fichu qui couvre les épaules,
tandis que la jupe est très large et le manteau de robe retroussé.

qui ne convenait ni au temps ni à un état de femme prête à accoucher » (*Les Correspondants de la marquise de Balleroy,* lettre de Morin, 21 novembre 1709). La femme enceinte qui suit la mode se doit donc d'avoir une mise discrète.

La robe « volante » évolue vers le milieu du XVIIIe siècle en robe « à la française ». Ce vêtement au corsage très ajusté, porté avec des paniers parfois très volumineux, est peu adapté à la grossesse. Il se compose d'une pièce d'estomac assortie à la robe de dessus, qu'on enfile comme un manteau sur un corps à baleines et un jupon de la même étoffe ; des plis dans le dos forment un faux manteau. Des variantes se multiplient dans la seconde moitié du siècle, à l'instar notamment des « polonaises » portées généralement comme robes de fantaisie. Les femmes enceintes retouchent ces vêtements avec plus ou moins de bonheur.

Une nouvelle mode est lancée à la fin du XVIIIe siècle : la tendance est à un allègement des contraintes vestimentaires et à un assouplissement de la ligne, qui devient plus proche des formes naturelles du corps. En 1778, la reine Marie-Antoinette, à l'occasion de sa première maternité, advenue après huit ans de mariage, fait évoluer considérablement sa garde-robe vers une simplification générale qui la conduit à délaisser les « polonaises » et à leur préférer une toilette nouvelle, appelée « robe à la lévite ». L'invention de cette robe de grossesse – dite « aristote » – est due à sa marchande de modes attitrée, la célèbre Rose Bertin. Taillée comme une robe de chambre maintenue par une ceinture lâche, cette toilette est jugée sévèrement par le mémorialiste Frénilly : « Les femmes (…) avaient poussé le négligé jusqu'à une sorte de robe de chambre qu'on appelait alors, je ne sais pourquoi, un Aristote ; cette mode (que notre pauvre reine qui commençait à prendre de l'embonpoint, avait composée avec la fameuse mademoiselle Bertin) déguisait parfaitement la taille » (François-Auguste Fauveau de Frénilly, *Souvenirs du baron de Frénilly, pair de France.* 1768-1828).

Vers 1782-1783, Marie-Antoinette commence à porter, sous l'influence anglaise et créole et suivant le retour au naturel prôné par Rousseau, des « robes de simplicité » qui révèlent un goût champêtre ouvertement affranchi de l'étiquette en vigueur à la cour. Elle met à la mode la « robe en chemise » [...]

Afin de contredire la réputation qui lui est faite d'être très dépensière, Marie-Antoinette demande à Élisabeth Vigée-Lebrun de la représenter vêtue simplement d'une de ces « robes en chemise » en coton, ou « gaulle », qu'elle porte volontiers à Trianon lorsqu'elle fuit les rigueurs de l'étiquette. Mais le tableau fait scandale quand il est présenté au Salon de 1783, au point qu'il doit être retiré. Le public est en effet choqué de voir la reine s'afficher « en petite tenue » et délaisser robes de cour et soieries, dont le commerce est vital pour la France. La mode des « chemises à la reine » est néanmoins lancée...

Sous l'Ancien Régime, les femmes du peuple continuent
de porter leurs vêtements quotidiens quand elles sont
enceintes. Leur tenue, beaucoup plus simple et moins
soumise aux variations de la mode que celle des élites,
enregistre cependant les tendances majeures de la mode
sur un temps plus long. Aux XVIIe et XVIIIe siècles, ce costume
se compose d'un corsage ou caraco à manches longues
et d'une jupe longue. Le corsage, porté plus ou moins
échancré sur une chemise, est fermé sur le devant par
des cordons réglables et couvert ou non par une collerette
ou un fichu. La jupe, montée à fronces et maintenue
par des cordons sur les hanches, comporte des découpes
sur les côtés à la hauteur des poches ménagées dans les plis
des jupons. À quoi s'ajoutent un tablier enveloppant à large
bavette et épinglé sur le corsage, ainsi qu'une cape flottante
en guise de manteau. Cette tenue s'adapte sans difficulté
à une grossesse: il suffit de desserrer les divers liens
pour donner plus d'aisance au ventre et à la poitrine.
Au XVIIIe siècle, les femmes de condition modeste suivent
aussi la mode de la robe volante dans les milieux urbains,
mais la portent troussée.

^

Grimaldi Giovanni Francesco,
*Femme enceinte, regardant deux figures
interpellant un homme,*
XVIIe siècle, encre brune,
pierre noire, plume sur carton,
Paris, musée du Louvre, département
des Arts graphiques.

[...] en ccton blanc, dite aussi « chemise à la reine » ou « gaulle », revêtue sans corset et caractérisée par des manches longues, une collerette froncée autour du décolleté et une écharpe nouée en ceinture sous la poitrine. Cette nouvelle mode « néoclassique » témoigne du goût renouvelé pour l'Antiquité et ses tuniques plissées. Elle s'avère, par ailleurs, particulièrement pratique en cas de grossesse. La *Lady* du dessin de Thomas Rowlandson arbore ce type de « robe en chemise » en vogue à la fin du XVIIIe siècle : une robe blanche d'une seule pièce, ceinturée sous les seins, le corsage blousant sur la poitrine.

Suivre ou créer la mode (XIXe siècle)

Les comités révolutionnaires, en prônant un retour au naturel et à la simplification vestimentaire, ont encouragé l'abandon du corset et promu la robe droite. Le médecin alsacien Bernard Christophe Faust proclame ainsi en 1792 : « Nos habits sont des fers, ils sont l'invention des siècles barbares et gothiques. Il faut que vous brisiez ces fers si vous voulez devenir libres et heureux » (*Bernard Christophe Faust à l'Assemblée nationale, sur un vêtement libre, national & uniforme à l'usage des enfans, ou Réclamation solemnelle des droits des enfans,* 1792). Les révolutionnaires envisagent même un costume national n'entravant pas le corps des mères de famille : ainsi « les femmes donneraient à l'État des enfants mieux constitués » (« Considérations sur les avantages de changer le costume français », dans *La Décade philosophique, littéraire et politique,* 10 floréal an II, 1re année, p. 60-62). La tendance, qui se prolonge sous le Directoire et l'Empire, est d'une grande nouveauté par sa ligne souple et naturelle, la suppression d'un corset contraignant et l'emplacement de la taille remonté jusque sous la poitrine. Selon l'historienne de la mode Doretta Davanzo Poli, cette coupe reviendrait à la duchesse d'York, qui aurait eu l'idée de hausser la ceinture de ses habits en raison de sa grossesse. La silhouette ainsi redessinée, jugée gracieuse et élégante, aurait été copiée par d'autres femmes non enceintes, certaines augmentant même artificiellement leur ventre avec un coussin de crin. Une nouvelle mode était née, très avantageuse pour les femmes enceintes : dans ce type de vêtement, elles sont libérées de l'engoncement, et le ventre proéminent est habilement masqué par la ligne fluide de la robe qui ne marque pas la taille, seule la poitrine étant ajustée. Certaines femmes enceintes peuvent ainsi continuer à sortir en public en toilette d'apparat jusqu'à la fin de leur grossesse.

Cette mode ne dure pas finalement au-delà du deuxième quart du XIXe siècle. La taille redescend alors à

> Goya,
Josefa de Castilla Portugal y van Asbrock de Garcini (détail), 1804, huile sur toile, New York, The Metropolitan Museum of Art (MET).

Robe habillée,
vers 1869, gaze de soie
rayée blanc et rose-mauve,
Paris, musée Galliera,
musée de la Mode
de la Ville de Paris.

Cette tenue en soie, sans conteste réalisée pour une femme enceinte,
est composée d'une jupe de robe assez large et d'un corsage
à manches courtes formant une tunique à volants. Peu ajustée
et ne marquant pas la taille, elle se distingue de la mode du temps,
plus cintrée. Néanmoins, elle atteste que l'on créait sous le second
Empire des tenues du soir pour femmes enceintes.

sa place naturelle et est rendue de nouveau très fine par le retour du corset (voir page 99). La nouvelle silhouette en « taille de guêpe », contrastant avec des jupes plus ou moins amples, se maintient pendant tout le XIXe siècle. Si cette vogue ne sert guère la grossesse, les femmes enceintes portent toutefois des modèles assez ajustés à l'arrière mais laissés vagues sur le devant. Plusieurs exemples de robes datant des années 1840-1850 comportent ainsi un pan de tissu qui part des épaules, recouvre le ventre et rejoint la jupe à mi-hauteur, dissimulant une taille épaissie.

À partir de 1838, les manteaux, pèlerines ou capes se multiplient dans la garde-robe. Ils offrent une protection appréciable contre le froid à l'extérieur et cachent aussi le ventre des regards…

La mode des crinolines apparaît sous le second Empire. Ces amples jupons succèdent aux sous-jupes réalisées en tissu de fil de lin ou de coton et de crin destinées à soutenir des jupes de plus en plus larges, les sous-jupes étant remplacées vers 1850 par des jupons empesés, puis par des baleines, et enfin par une cage à cerceaux. L'origine de cette « crinoline à cerceaux » a longtemps été attribuée à l'impératrice Eugénie, qui l'aurait portée quand elle était enceinte du prince impérial (né en 1856). L'invention de la crinoline est en réalité antérieure de plusieurs années, et les « jupons cages » ou « à cerceaux » connaissaient déjà un certain succès. Tout au plus peut-on noter que la grossesse d'Eugénie marque un changement dans la forme en donnant de l'ampleur aux hanches. Cette erreur [...]

<
Robe de femme enceinte, 1840-1850, plumetis de coton blanc, Paris, les Arts décoratifs, collection Union française des arts du costume (UFAC).

v
v
Franz Xaver Winterhalter, *L'Impératrice Eugénie entourée de ses dames d'honneur* (détail), 1855, château de Compiègne, musées et domaines nationaux de Compiègne.

[...] d'attribution montre néanmoins que les modes nouvelles continuent d'être allouées aux souveraines, dont l'apparence est observée de près et souvent copiée.

Les femmes enceintes adoptent visiblement les goûts vestimentaires du temps : certains de leurs vêtements qui nous sont parvenus et datant du second Empire sont confectionnés pour les crinolines, le corsage et la jupe étant simplement assez larges et ajustables. Une veste ou un paletot, avec ou sans manches, porté par-dessus le corsage, permet de dissimuler largement la proéminence du ventre. Certaines robes conçues pour les femmes enceintes sont pourvues d'un laçage spécial de chaque côté de la taille, afin d'élargir la robe quand le ventre s'arrondit.

Une nouvelle mode apparue dans la seconde moitié du XIXe siècle se montre d'emblée plus accessible aux femmes enceintes. Initiée par le couturier Worth, d'origine anglaise mais établi à Paris depuis 1845, elle aurait aussi pour origine une grossesse. Worth avait dessiné des vestes courtes à volants papillons pour sa femme Marie lorsqu'elle était enceinte, et l'aspect à la fois pratique et élégant de ces vêtements, qui dissimulent habilement l'augmentation du tour de taille, lui valut de multiples commandes, pas seulement de la part de femmes enceintes. Worth faisait présenter ses créations dans un petit salon réservé aux clientes enceintes. Charles Frederick Worth est en effet considéré comme le premier « grand couturier » : il crée lui-même des modèles et des tendances dont il impose le nouveau goût à ses clientes, prenant en cela le relais des femmes de la haute société. Il est aussi le premier à employer des mannequins vivants pour présenter ses créations. Les musées conservent plusieurs modèles pour femmes enceintes des années 1880-1890, des robes d'une seule pièce avec de grands plis creux sur le devant ou des étages de franges dissimulant le ventre de la future mère. [...]

>

Cesare Tallone,
La Massaia
(détail, représentant la femme du peintre enceinte en ménagère), 1894, huile sur toile, Milan, Galleria d'Arte Moderna.

Au XIXe siècle, le corsage associé à un caraco plus ou moins ample, la jupe et le tablier composent la tenue ordinaire des femmes des milieux populaires. La robe chasuble et la blouse sont également portées pendant la grossesse, car elles sont particulièrement confortables. Les femmes enceintes des milieux favorisés portent des tenues d'intérieur simples, blouses ou chemisiers larges qui permettent de cacher la rondeur du ventre. Dans son roman *Fécondité*, paru en 1899, Zola témoigne que les femmes cherchent autant que possible à dissimuler leurs formes avec ce genre de vêtements. Ainsi, Marianne Froment « était vêtue d'une robe de drap vert en forme de blouse, qui dissimulait sa taille. Mais très grosse déjà, elle savait bien que ça se voyait, elle en souriait elle-même avec une bonne grâce attendrie ». Quant à Valentine Séguin du Hordel, désespérée d'être enceinte, elle cherche à tout prix à cacher « son corps svelte déformé, mal dissimulé sous une blouse en soie bleu paon ».

Pour le soir. — Robe en mousseline de soie blanche cachée par une robe forme « Pagode » en tulle paillette noir et salet, bordée de zibeline.

Vêtement de drap « châtaigne » garni de loutre, droit devant et derrière. Toque de loutre et dentelle.

Chez soi. — Robe Louis XIII, en brocart blanc et or avec col de Venise. Dessous de mousseline de soie blanche.

FUTURES MAMANS + Dessin de Nada.

LASSITUDE

Robe de dîner, de Paul Poiret

[...] Il faut attendre la Belle Époque,
à la fin du XIXe et au début du XXe siècle,
pour voir réapparaître une mode réellement plus favorable aux femmes
enceintes. On assiste à l'abandon pro-
gressif du corset – une tendance qui
s'accentue avec la Première Guerre
mondiale –, tandis que la ligne du vêtement redevient plus souple et que le
corps est moins entravé. Cette mode
s'incarne notamment dans les modèles
du couturier Paul Poiret, qui, dès les
années 1900, libère le corps et met en
avant la verticalité et la taille haute,
autant d'atouts appréciés par les

femmes enceintes. Les robes sont souvent des fourreaux simplement froncés
sous la poitrine, nettement inspirés de
l'Antiquité et du Directoire.

À la charnière des XIXe et
XXe siècles, la robe dite « Reform » se
répand en Europe. Née en Allemagne,
elle procède d'une volonté de « réfor-
mer » le costume féminin en l'affran-
chissant de la mode du temps. Inspirée
des principes hygiénistes opposés au
port du corset, cette robe présente
l'avantage d'avoir une taille haute, une
jupe souple et longue.

Les premières tenues pour
futures mamans présentées comme
telles apparaissent dans les périodiques
féminins au début du XXe siècle. Elles
déclinent une ligne souple et fluide, ne
marquant pas la taille, tant pour les
robes d'intérieur et les robes du soir
que pour les manteaux. L'habit de grossesse est donc une invention moderne,
qui traduit un changement des mentalités sur cet état singulier jugé désormais plus gratifiant pour les femmes.

Des sous-vêtements spécifiques:
CORPS ET CORSETS

Si les femmes enceintes ne disposent pas de vêtements propres à leur état jusqu'à une époque récente, le corset de grossesse reste pendant longtemps la seule pièce vestimentaire qui leur est spécifiquement destinée.

Un succès unanime mais contre-indiqué

Dans les milieux aisés, l'usage de porter le « corps » ou « corps à baleines » se propage à partir des XVIe et XVIIe siècles. Ce sous-vêtement féminin modèle le buste grâce à sa structure rigide – le busc – et des baleines. Il a pour but d'affiner la taille, de maintenir la poitrine, de conférer le port altier et l'attitude hiératique emblématiques de la supériorité aristocratique. Le « corps » se diffuse toutefois rapidement parmi des classes plus populaires dans une version plus simple et peu baleinée. Au XIXe siècle, le terme en vigueur est plutôt celui de « corset » : sa forme est en « sablier », il est beaucoup plus long sur les hanches, les seins sont soutenus et non plus comprimés vers le haut. Quoi qu'il en soit, la plupart des tenues féminines demeurent pendant tout ce temps conçues pour être portées sur un « corps » ou un « corset ». Pendant la grossesse, le corset reste de mise, mais les femmes abandonnent le modèle ordinaire pour un autre spécialement adapté à leur état, tant elles sont convaincues que le ventre d'une femme enceinte doit être soutenu.

Des médecins s'insurgent contre cette pratique, surtout à partir de 1750. D'une manière générale, ils dénoncent que l'on fasse du vêtement un « artifice » qui dérègle les fonctions naturelles du corps. La maternité, considérée comme la vocation essentielle des femmes, leur apparaît vulnérable aux modes et coquetteries féminines. Le corps à baleines est, bien sûr, accusé de presque tous les maux : comprimant la taille, il serait néfaste pour le fœtus en l'empêchant notamment de « faire la culbute », il entraverait la circulation du sang, provoquerait des étouffements, des malaises, des coliques, voire des fausses couches. La compression de la poitrine passe aussi pour rendre les femmes incapables d'allaiter. Certains médecins vont plus loin, comme Bonnaud qui publie en 1770 un ouvrage intitulé *Dégradation de l'espèce humaine par l'usage des corps à baleines* et dans lequel il tient le corset pour responsable non seulement de la mortalité infantile, mais aussi de la « dégénération de l'espèce » inhérente au processus de civilisation à l'œuvre en Europe.

La critique s'élève également hors du milieu médical. Le clergé voit d'un mauvais œil que la femme puisse déformer l'œuvre de Dieu et altérer son corps voué à la procréation. Scientifiques, philosophes, gouvernants mêmes s'y opposent, tels Buffon, Rousseau ou Napoléon : l'Empereur déclare à son médecin personnel, le grand

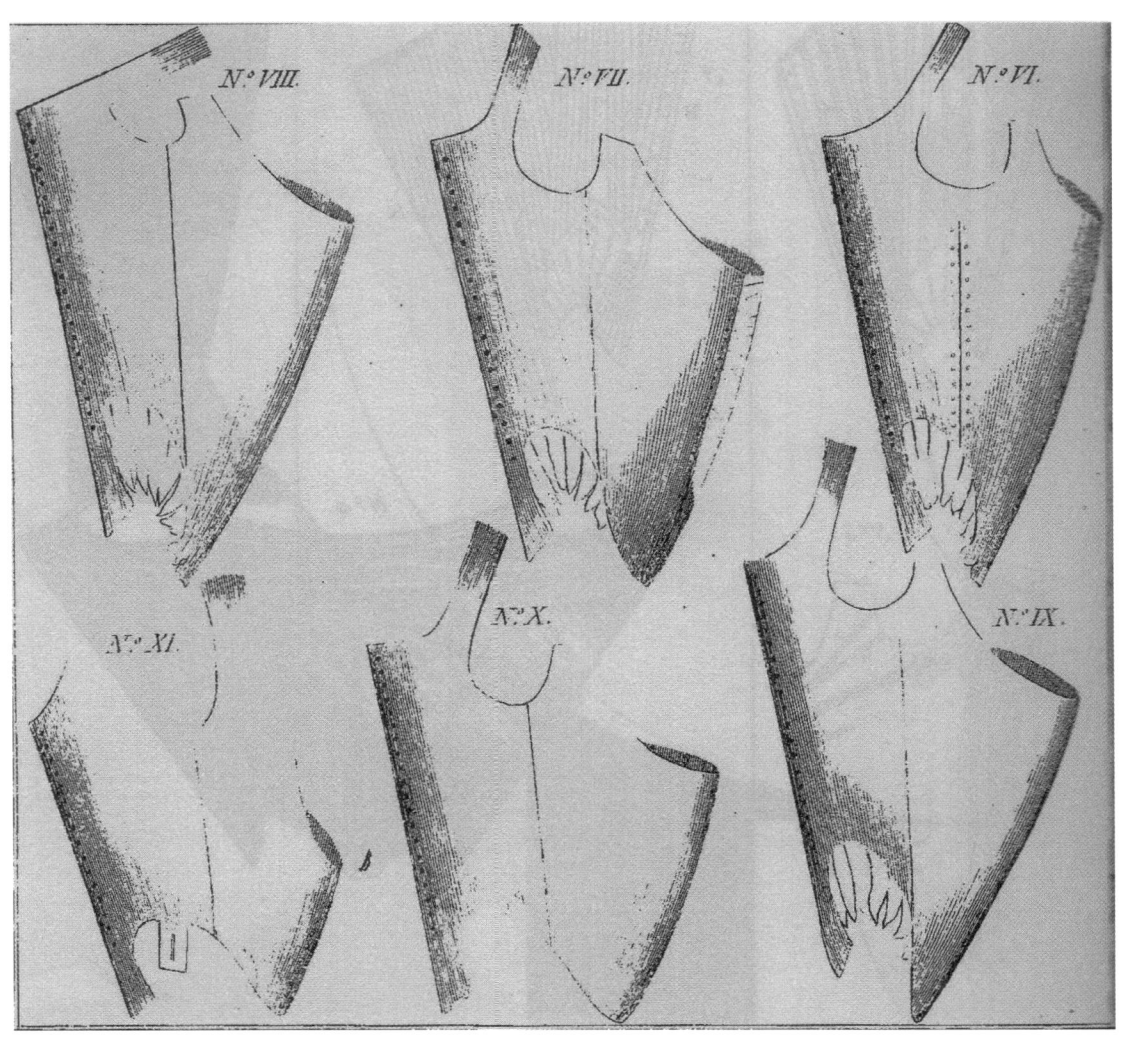

François de Garsault,
Corset de grossesse,
Art du tailleur, 1769,
pl.13, fig.n° VI.

Le corset n° VI de François de Garsault « est un corps
ouvert par les côtés, pour les femmes enceintes:
ce corps n'a pas de différence, qu'en ce que le devant
n'est joint au derrière que par un lacet qui passe
dans deux rangs d'œillets (...); la femme peut,
par ce moyen, lâcher son corps par les côtés lorsqu'elle
s'y trouve trop serrée: on ne coud qu'un petit espace (...)
sous l'aisselle, de peur que le corps ne se dérange
et ne se mette de travers ». François de Garsault,
Art du tailleur, 1769, p. 45.

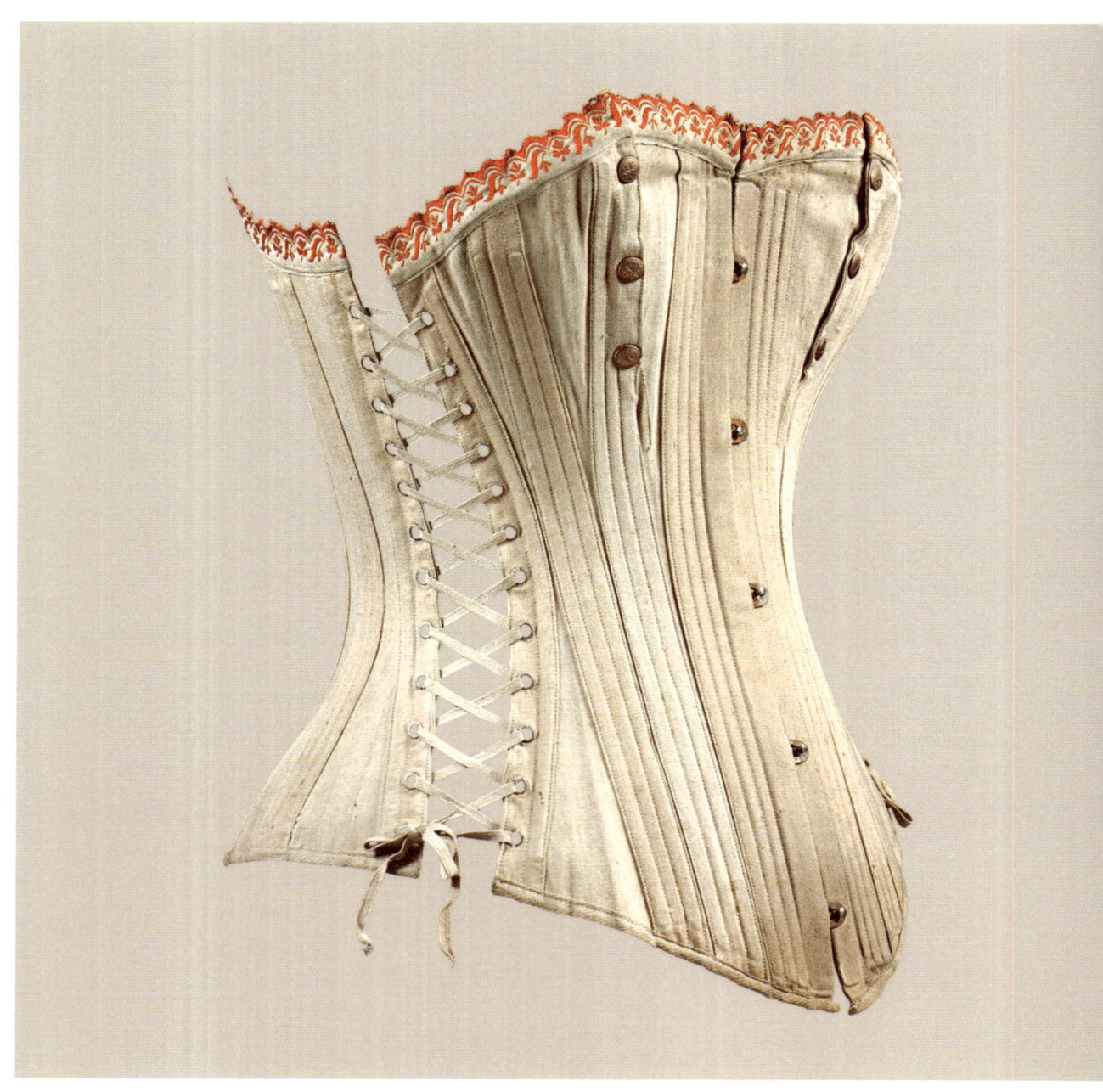

Corset de maternité,
Angleterre (ou peut-être
Allemagne), vers 1875-1899,
coton, baleines en métal,
Londres, Victoria
and Albert Museum.

Ce corset en coton crème, surmonté d'une bande de broderie rouge, est composé de quatre parties. Il s'attache devant avec cinq boutons métalliques, et au dos grâce à dix-sept œillets métalliques reliés par des lacets élastiques. Les goussets sur la poitrine, qui permettent de dégager les seins, et le laçage sur les côtés (douze œillets) laissent à penser qu'il pouvait être utilisé pendant la grossesse et l'allaitement.

Corvisart, que le corset est l'« assassin de la race humaine », ajoutant que « Ce vêtement d'une coquetterie détestable, qui meurtrit les femmes et maltraite leur progéniture, n'annonce que des goûts frivoles, et me fait pressentir une décadence prochaine ».

Des modèles
pour la grossesse

Pour répondre à la demande féminine, les fabricants de corsets, également sensibles aux attaques des médecins, s'emploient à améliorer leurs productions pour les rendre plus pratiques et confortables. Des modèles sont particulièrement étudiés pour convenir à la grossesse. Par exemple, l'*Encyclopédie* publie dans la seconde moitié du XVIIIe siècle une planche représentant un « corps » de grossesse que l'on peut lacer sur le devant et dans le dos, mais aussi sur les côtés, de manière à l'adapter tout au long de la grossesse.

Quand le corset, sous l'influence de l'impératrice Joséphine, revient à la mode dans les premières années du XIXe siècle, certaines futures mères font le choix de ne pas le porter, surtout quand elles restent dans leur intérieur. Au milieu du siècle, Flaubert s'attarde ainsi sur la physionomie d'Emma Bovary enceinte, dont la taille tourne « mollement sur ses hanches sans corset ». Toutefois, la plupart des femmes recherchent des modèles de corsets adaptés à leur grossesse. Certaines les font réaliser sur mesure par une couturière, comme Caroline Mertzdorff, qui confie à sa mère tout le bien qu'elle pense de son corset de grossesse : « Après mes couches, je ne pourrai plus mettre mon corset actuel qui est si bien fait et qui me rend tant de service. Crois-tu qu'après, en envoyant mes mesures à Mme [Marture], elle pourrait me faire un autre corset, j'aime tant ceux qu'elle fait, on y est si bien, pourrais-tu lui écrire un mot à ce sujet » (lettre de Caroline Duméril, épouse de Charles Mertzdorff, à sa mère Félicité Duméril, 11 mars 1859, dans Cécile Dauphin, Pierrette Lebrun-Pézerat et Danièle Poublan, *Ces bonnes lettres. Une correspondance familiale au XIXe siècle*, Paris, 1995).

À cette époque, les modèles, de plus en plus élaborés, profitent des innovations de l'âge industriel.

Les fabricants vont jusqu'à publier des ouvrages pour défendre le bien-fondé de leurs accessoires. Certains s'appuient sur différents « avis scientifiques » pour en faire l'éloge et vanter les « véritables prodiges » d'une industrie du corset qui unit « l'art et la science » (Ernest Leoty, *Le Corset à travers les âges,* 1893). Rivalisant d'ingéniosité pendant la seconde moitié du XIXe siècle, ils proposent des corsets agréables et « hygiéniques », chacun présentant au moins un modèle adapté à la grossesse.

Toutefois, à la fin du XIXe et au début du XXe siècle, des femmes entreprennent de dénoncer publiquement le corset. En France, Blanche Edwards-Pilliet, rare femme médecin, fait circuler en 1909 une pétition contre le corset. La même année, le magazine féminin *La Vie à la maison* se fait le relais de plusieurs médecins en montrant de nombreux schémas de déformation du squelette et des organes internes causée par le corset ; le texte insiste : « en se mutilant la taille, la femme va contre l'avenir de la race ». En 1910, Mme Doria fonde la Ligue des mères de famille contre la mutilation de la taille par le corset, pour la beauté, la santé et la mentalité des femmes. Le corset tombe finalement en désuétude pendant la Première Guerre mondiale : il s'avère inadapté aux nouvelles responsabilités féminines, et le manque de matières premières rend sa fabrication plus difficile. Toutefois, jusque dans les années 1960, gaines ou ceintures de maternité sont encore répandues, tant est profondément ancrée l'idée que le ventre d'une femme enceinte doit être « ceinturé ».

Des corsets pour dissimuler les grossesses

Si, aux XVIIIe et XIXe siècles, bien des femmes portent le corset pour des raisons de maintien et d'apparence, certaines y voient aussi le moyen de cacher une maternité indésirable (voir page 119). Les allusions à de telles dissimulations abondent dans la littérature. Ainsi, dans *Fécondité*, Zola brosse le portrait de Mme Séguin du Hordel qui, n'acceptant pas d'être enceinte, cache sa grossesse et continue de mener une vie mondaine quitte à souffrir une gestation et un accouchement difficiles ; ce qui fait dire au docteur Boutan : « Comment voulez-vous qu'une femme ait de bonnes couches, quand jusqu'au sixième mois, elle se serre à étouffer, va dans le monde, au théâtre, partout, buvant et mangeant n'importe quoi, sans précaution aucune ! » En cas

de grossesse illégitime, les femmes mettent souvent en œuvre diverses stratégies pour cacher à tout prix leur état qui manifeste au grand jour une faute tenue cachée jusqu'alors. En effet, la réprobation pèse sur les relations hors mariage, et la fille mère risque fort de perdre son gagne-pain quand elle est domestique ou salariée. Colette, dans *La Maison de Claudine*, évoque ainsi ce qu'il advient quand une jeune fille fréquente les garçons : « un enfant malingre et caché que le busc du corset a écrasé pendant des mois... » Averties des mises en garde des médecins, certaines femmes serrent d'ailleurs leur corset pour tenter de provoquer un avortement. Quelques-unes ont recours à des moyens de contention plus élaborés, semblables au « corset de force fait de planchettes et de cordes » que décrit Maupassant dans *La Mère aux monstres*, nouvelle parue en 1883 dans la revue *Gil Blas*. Le romancier narre ici l'histoire de deux femmes qui, à force de comprimer leur taille dans des corsets, mettent au monde des enfants monstrueux : l'une est belle et riche et veut continuer à paraître à son avantage ; l'autre, contrainte de cacher sa grossesse, finira par y trouver un moyen de s'enrichir :

« Elle se sentit bientôt enceinte et fut torturée de honte et de peur. Voulant à tout prix cacher son malheur, elle se serrait le ventre violemment avec un système qu'elle avait inventé, corset

>
Corset de grossesse,
dans Rainal frères, *Catalogue*,
fascicule n° 3, fig. 2099,
Paris, 1907.

de force, fait de planchettes et de cordes. Plus son flanc s'enflait sous l'effort de l'enfant grandissant, plus elle serrait l'instrument de torture, souffrant le martyre, mais courageuse à la douleur, toujours souriante et souple, sans laisser rien voir ou soupçonner. Elle estropia dans ses entrailles le petit être étreint par l'affreuse machine; elle le comprima, le déforma, en fit un monstre (...). Or, un jour, des montreurs de phénomènes qui passaient entendirent parler de l'avorton effrayant et demandèrent à le voir pour l'emmener s'il leur plaisait. Il leur plut, et ils versèrent à la mère cinq cents francs comptant (...). Ce gain inespéré affola la mère, et le désir ne la quitta plus d'enfanter un autre phénomène, pour se faire des rentes comme une bourgeoise. Comme elle était féconde, elle réussit à son gré, et elle devint habile, paraît-il, à varier les formes de ses monstres selon les pressions qu'elle leur faisait subir pendant le temps de sa grossesse. Elle en eut de longs et de courts, les uns pareils à des crabes, les autres semblables à des lézards. Plusieurs moururent; elle fut désolée. La justice essaya d'intervenir, mais on ne put rien prouver. On la laissa donc en paix fabriquer ses phénomènes. Elle en possède en ce moment onze bien vivants, qui lui rapportent, bon an mal an, cinq à six mille francs. »

Le corset mutilerait donc sauvagement l'enfant dans le ventre maternel. Maupassant, volontiers misogyne, en profite pour dénoncer l'appât du gain autant que la coquetterie féminine. Il ajoute d'ailleurs : « Voilà les résultats des tailles restées fines jusqu'au dernier jour. Ces monstres-là sont fabriqués au corset. Elle sait bien qu'elle risque sa vie à ce jeu-là. Que lui importe, pourvu qu'elle soit belle, et aimée ! »

Le catalogue des frères Rainal présente en figure 2099 un modèle vendu 70 francs en coutil, 100 francs en batiste, 140 francs en soie. Il est « applicable pendant la grossesse, le busc rigide employé dans les corsets ordinaires est remplacé par une large bande élastique. Des lacets disposés sur les côtés latéraux permettent le développement pendant le cours de la grossesse. Les seins en particulier ne subissent aucune compression et sont simplement soutenus. Avec ce modèle, on n'a à redouter aucune compression de la taille ni des seins. La femme enceinte évite les sensations désagréables de douleurs dans les reins et de pesanteur dans l'abdomen. Elle est activement protégée contre la pneumatose alimentaire et contre les variations atmosphériques ». Rainal Frères, *Catalogue*, fascicule n° 3, fig. 2099, Paris, 1907.

La grossesse en images,

ENTRE REPRÉSENTATION ET RÉALITÉ
(XVe-XIXe SIÈCLE)

Les femmes, depuis la fin du Moyen Âge jusque dans le courant du XIXᵉ siècle, vivent leur grossesse dans une certaine discrétion. Au sein de la société, cet état suscite un intérêt variable. Si les images médicales donnent à voir sans détour les aspects physiques de la gestation, il n'en est pas de même dans l'art. Avant le XXᵉ siècle, les femmes enceintes ne sont guère figurées par les artistes, ou alors elles ne montrent généralement aucun signe visible de leur grossesse. Selon les époques, les milieux dépeints et les genres iconographiques, des représentations assez contrastées de la grossesse s'observent cependant. Ces images sont révélatrices d'une certaine réalité sociale et des normes en vigueur à une période donnée.

>
Edgard Degas, *Femme enceinte*,
fondue par Hébrard vers 1921-1931,
fonte à la cire perdue, bronze
et patine brune,
Paris, musée d'Orsay.

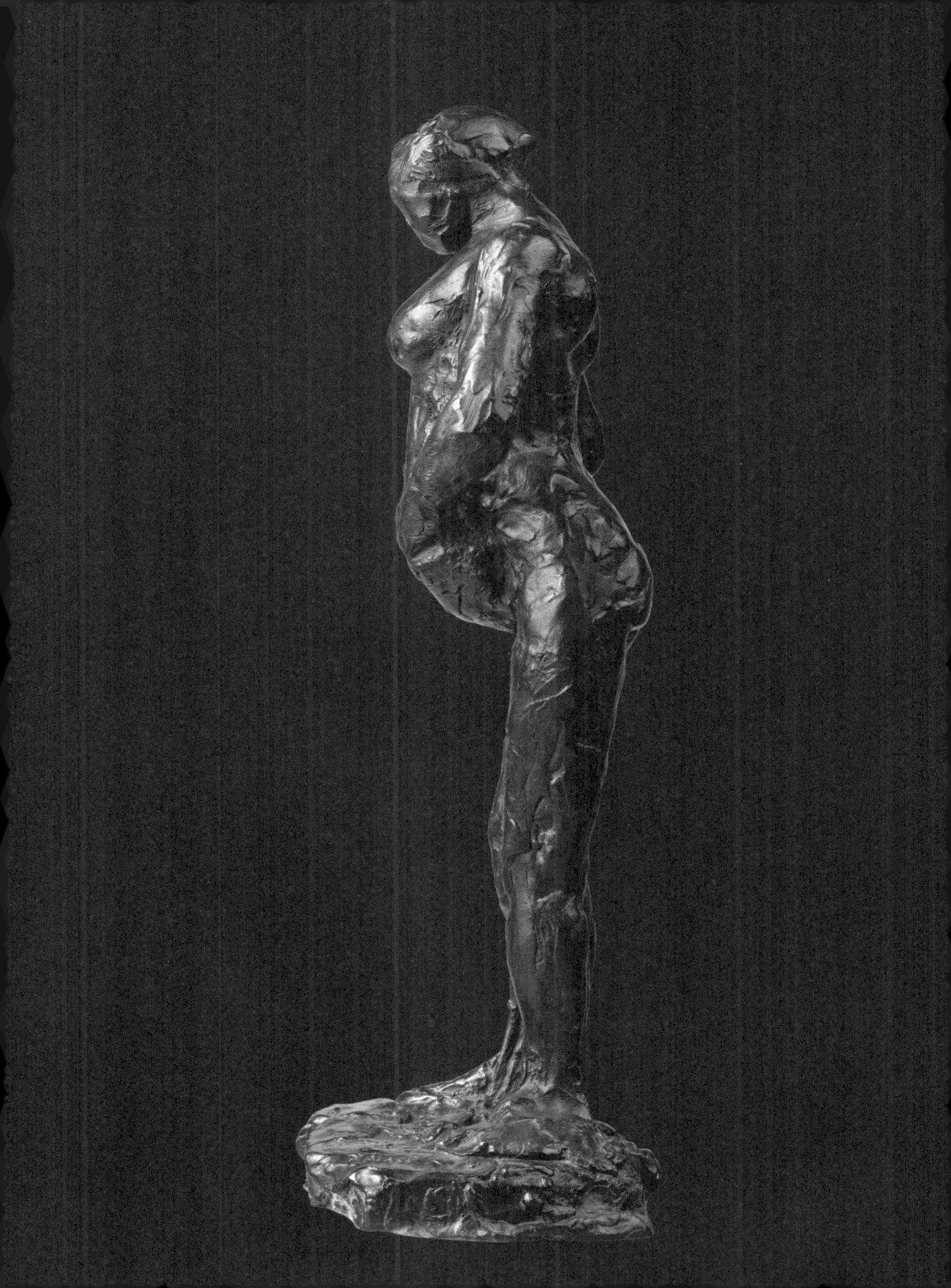

La grossesse vue par les médecins:
« SOULEVER LE VOILE DERRIÈRE LEQUEL LA NATURE SE CACHE »

Les images médicales sont souvent les seules à figurer explicitement les femmes enceintes depuis la Renaissance jusqu'au XIXe siècle, voire à dévoiler l'intérieur du ventre pour tenter de lever le mystère de la gestation.

L'intérêt des anatomistes et des médecins pour la grossesse

À partir de la Renaissance, les traités consacrés à l'anatomie de la femme ou aux maladies propres au sexe féminin, ainsi qu'à l'obstétrique, comportent de plus en plus de planches représentant des femmes enceintes. Cette évolution traduit l'intérêt croissant des anatomistes et des médecins pour les mystères de la « génération » et de la grossesse.

Malgré les progrès de l'exploration anatomique, la représentation n'est guère réaliste, car elle continue d'obéir à des codes particuliers. Comme au Moyen Âge, ce que l'on cherche à représenter dans la matrice n'est pas une copie de la réalité, mais un symbole : c'est l'idée de l'enfant à naître, façonné à l'image de Dieu, et non son enveloppe corporelle. En outre, le regard porté sur l'intérieur du corps féminin n'est pas neutre ; il est orienté par toute une tradition qui remonte à l'Antiquité et qui empêche l'anatomiste de « voir » réellement ce qu'il a sous les yeux. Ainsi, jusqu'au XVIIIe siècle, prévaut l'idée qu'il existe une certaine symétrie entre les organes génitaux masculins et féminins, l'utérus étant le seul organe vraiment distinctif des femmes puisque le fœtus y parvient à maturation. La reconnaissance du rôle particulier des ovaires et des trompes est tardive, car ces organes ne « cadrent » pas avec l'héritage antique et les connaissances contemporaines sur la génération.

|...|

Déjà au Moyen Âge, quelques manuscrits médicaux donnent à voir l'intérieur de l'utérus, appelé « matrice », mais cet intérêt décuple à partir de la Renaissance. La page de ce manuscrit représente plusieurs femmes enceintes, l'une portant un nombre considérable d'enfants, ce qui témoigne de la fascination pour la capacité procréative des femmes. Les organes féminins de la génération semblent ici se résumer à la « matrice », de forme ovoïde. Depuis Platon, on craint « cet animal au-dedans d'elles qui a l'appétit de faire des enfants ; et lorsque malgré l'âge propice, il reste un long temps sans fruits, il s'impatiente et supporte mal cet état ; il erre partout dans le corps, obstrue le passage du souffle, interdit la respiration, jette en des angoisses extrêmes et provoque d'autres maladies de toutes sortes » (Platon, *Timée*). Jusqu'au XIXe siècle, l'hystérie (d'*hystera,* « utérus » en grec) est la maladie féminine par excellence.

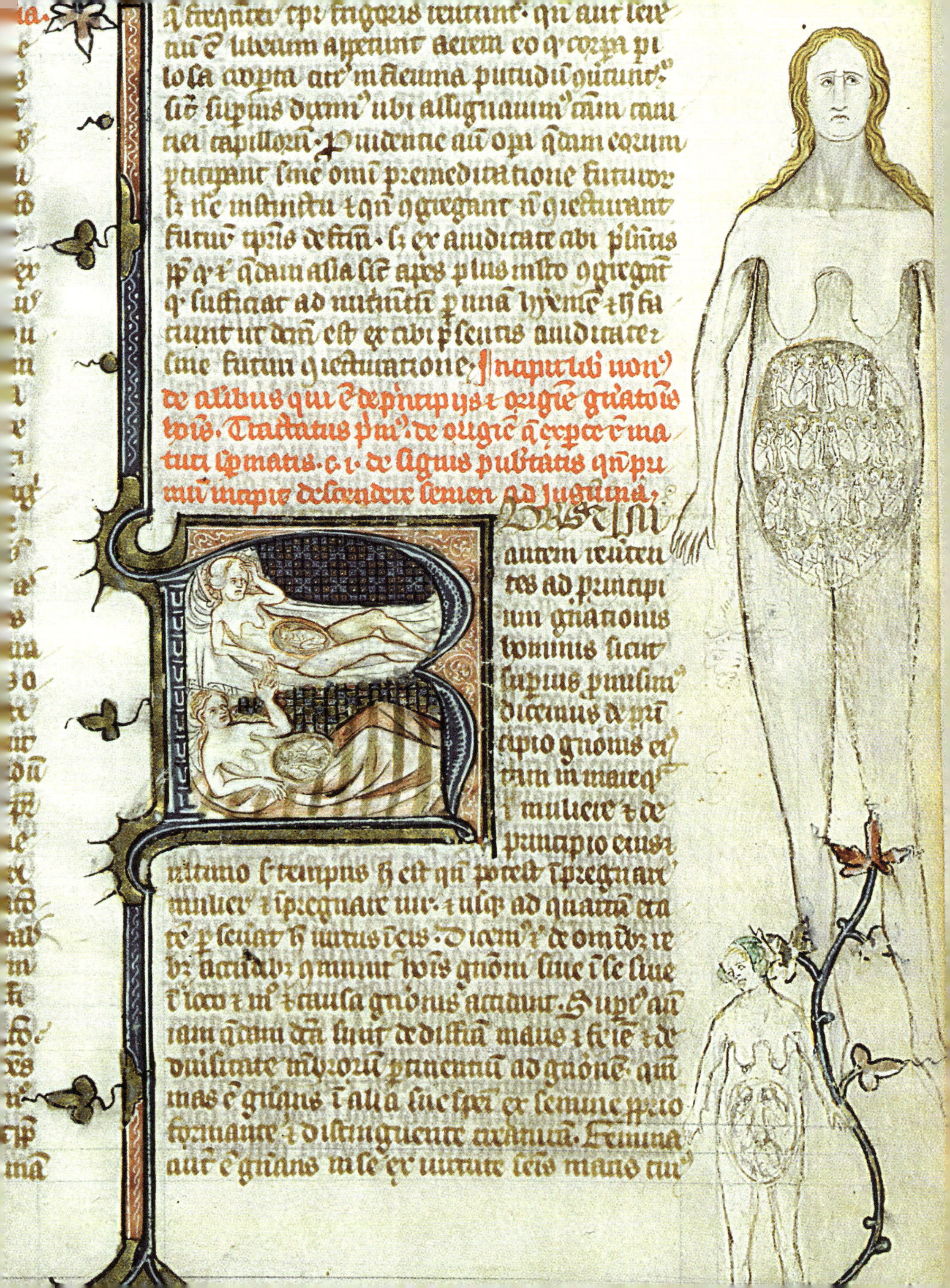

a frigiditate tpe frigoris retinent; quia aut leu￭
nis lucrum apperiunt aerem eo q̃ corpa pi
losa corpta air in discurina putudis giuntur
sic supius dirim̃ ubi assignauim̃ eǹ caui
tter capillorū. Prudentie aut opa q̃dam eorum
pticipant siue oni premeditatione futuror
li scẽ instinctu tḡn ḡgregant ñ ḡesurant
futurū tpis descii; ss; ex auiditate abi plurias
pax q̃dam asia sie apes plus nisto ḡgirgunt
q̃ sufficiat ad nutriciē p unā hyemē tḡ su
cauunt ut dc̃m est ex cibi pseutis auiditate
siue futuri ḡesturatione. ¶Inapitulo non
de alibus qui ẽ dep̃nrap̃st origiē g̃natois
tois. Tractatus p̃m̃. de origie q̃ corpa ē ma
turi spmatis. c. i. de aquis pub̃tatis quñ pu
muī inapio descendere semen ad inguina;

autem reuiten
tes ad principi
um g̃nationis
hominis sicut
supius primsim
dicimus a pri
apio g̃nois ei
tim in maireg
muliere ᷒ de
principio eius
nitimo ᷒ tempus h̃ est qu potest spregnari
mulier ᷒ spregnare uir ᷒ usque ad quartā eta
te p̃ seniat h̃ iuratus deus. Dicim̃ ᷒ de om d̃; re
bz acridib; g̃miuit tois g̃nois siue in se siue
᷒ loco ᷒ in t̃rausa g̃nois accadut. Sup̃ au
iam q̃dam d̃a siuit de distc̃a maris ᷒ sicie ᷒de
diuisitate mẽdioru pnicniu ad g̃nonē aut
mas ẽ g̃rians t alia siue sḡi ex semine p̃o
formaute ᷒ distinguente tracnica. Femina
aut ẽ g̃rians in se ex iuratie scicī maris cui

**La génération et la grossesse sont longtemps
des phénomènes mystérieux.** Médecins et populations
se demandent notamment combien d'enfants une femme
peut porter en même temps. Les enfantements multiples,
qui suscitent toujours l'étonnement, figurent en bonne place
dans la littérature des merveilles et curiosités de la nature
à la Renaissance. L'ignorance comme le goût du merveilleux
permettent de donner foi à des accouchements fantastiques
où plusieurs dizaines - voire centaines - d'enfants voient
le jour. Les médecins contribuent d'ailleurs longtemps
à alimenter et à colporter des récits extravagants. Ainsi
Ambroise Paré cite-t-il le cas de Dorothée, qui accouche
en deux fois de plus de vingt enfants, ou de « Marguerite,
dame fort vertueuse », qui accouche le 20 janvier 1269,
à Cracovie, de trente-six enfants tous vivants…

La grossesse très médiatisée de Nadya Suleman, qui a mis
au monde le 26 janvier 2009, en Californie, huit enfants
vivants après une FIV, montre que les grossesses multiples
fascinent encore aujourd'hui. Comme en écho aux images
anciennes de grossesses fabuleuses, les photographies
de la jeune femme avec un ventre énorme ont fait le tour
du monde.

Li. 9. hiftor.
polonia.

matrique lethifer extitit. Martinus Cromerus fcribit in Cracouienfi agro Margarietam nobili & antiqua familia ortam mulierem, vno peperiffe partu fex & triginta viuos fœtus, 20. die Ianuarij anno Domini, 1296. Scribit Francifcus Picus Mirandula Dorotheam Italam gemino partu viginti liberos peperiffe. Primo quidem nouem, altero autem vndecim: adeò verò grauidam extitiffe, vt aluum, quæ in genua procumbebat, lata & magna fafcia ex ceruicibus nodata fulcire cogeretur, vt fubiecta imagine licet intueri.

Dorotheæ multiplici fobole grauidæ effigies.

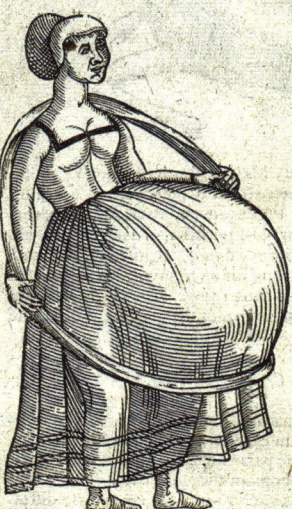

Lib. 4. de
gener. ani.
cap. 4.

Iterum & hìc coarguendi funt, qui multiplicis fobolis vno partu editæ caufam in vteri muliebris cellarum varietatem conferunt. Septem enim vteri muliebris cellas effe mêtiuntur. Tres nêpe in dextro latere maribus gerêdis, tres in finiftro fœminis, & vnâ planè in medio hermaphroditis, proceffit & eoúfque id mendacium, vt fuerint qui adftruerent eiufmodi feptê cellarû fingulas, in decê cellulas difcriminatas effe, in quas diftractû femen pro cellarum feminali materia imbutarum varietate, in variam & numerofam degeneret fobolem. Quę opinio etfi Hippocratis fuiffe videatur libro de natura pueri, rationi tamen & his quæ oculis ac fenfibus manifeftè apparent, repugnat. Probabilior eft Ariftotelis fententia, qui gemellas plurésve fœtus eadem ex caufa gigni edíque ait, ex qua & fextus in manu fuccrefcit digitus, fcilicet propter feminalis materiæ redundantem copiam, quæ maior & vberior eft, quàm vt tota in vnum fœtum naturaliter conftitutum abfumi poffit. Nam fi tota in vnum cogatur, vnum quidem fœtum edet, fed partibus in magnitudine, vel multitudine auctioribus: fi verò veluti findatur in plures diftracta partes, plures fœtus edet.

De Hermaphroditis feu Androginis.   CAP. IIII.

Ratio nominis.

Ratio generationis androginorû.

Hermaphroditorû differentia.

AGENDVM & hîc quoque de Hermaphroditis feu Androginis, quoniá à feminalis materiæ vbertate, monftrofi hi fœtus etiam caufam fuæ generationis & conformationis obtinent. Ita vocantur qui vtroque gignitur fexu: matre fcilicet tantum feminalis materiæ quantum vir effundente. Hinc enim fit vt dum formatrix facultas, quæ fimile femper fibi aliquid fingere conatur, in vtramque materiam paribus fermè viribus incumbit, faciat vt in eodem corpore vterque vifatur fexus. Quanquam funt qui hermaphroditorum quatuor conftituunt differentias. Prima eft hermaphroditus mas: qui fcilicet virilem fexum perfectum & potentem habet, in perinæo autem excifam tantum in vuluæ formam rimam, minimè tamen peruiam, vt à qua nihil neque vrinarij, neque feminalis humoris prodeat. Secunda eft hermaphroditus fœmina: quæ fcilicet præter vuluam naturaliter conftitutam, feminali nempe & menftruo fluxu manantem, fupra ad os pectinis membri virilis carneam & cutaceam quandam fimilitudinem habet arrectionis & profufionis feminis impotentem, fcroto & teftibus carentem. Tertia eft eorum Hermaproditorum qui etfi vtriufque fexus expreffam habeant imaginem, fæpius aduerfo fibi fitu refpondentem, inefficacem tamen ad generationem & feminis profufionem experiuntur, alterutra ad mictionem tantum conferête. Quarta eorum qui vtroque fexu valent, marífque & fœminæ munera potenter obeunt, quod

---

A *Secundarum pars interior membranofa.*
B *Secundarum pars exterior carnofa,* &
infinitis venarum ofculis referta.
D *Meatus ab vmbilico fœtus ad collum* &
axillas deuolutus.

Estienne de La Rivière, *Un homme de science
regardant depuis une tour un écorché féminin gravide,*
gravure illustrant Charles Estienne, *La Dissection
des parties du corps humain divisée en trois livres,*
livre III, p. 275, Paris, Simon de Colines, 1546,
Paris, Bibliothèque interuniversitaire de santé (BIU Santé).

[...]   Aux XVIᵉ et XVIIᵉ siècles, les premières planches consacrées aux femmes enceintes les montrent sous la forme d'écorchées : le ventre féminin, ouvert, donne à voir le fœtus. La femme est généralement figurée nue, soit dans un paysage naturel où l'artiste se plaît parfois à l'apparenter au règne végétal, soit dans un décor architectural où sa pose la fait davantage ressembler à une statue qu'à une femme réelle. L'enfant qu'elle porte est souvent représenté comme un gros *putto* joufflu et non comme un fœtus ; sa position ne correspond guère non plus à la réalité anatomique : il semble danser en apesanteur dans la matrice, ou bien il adopte une position assise, la tête sur les genoux et les mains sur les yeux, dans l'attente de son réveil.

    Dans l'ouvrage de Cosme Viardel, la femme enceinte est représentée sur un lit, ce qui est nouveau ; malgré son ventre ouvert, elle garde un visage impassible, les yeux pudiquement baissés et les cheveux flottants. Son fœtus, trop petit, semble flotter comme un poisson dans la matrice.

    Il faut attendre la seconde moitié du XVIIIᵉ siècle pour voir les représentations médicales s'affranchir des codes iconographiques anciens et représenter avec plus de vraisemblance l'anatomie de la femme enceinte et de son fœtus. Les planches des ouvrages

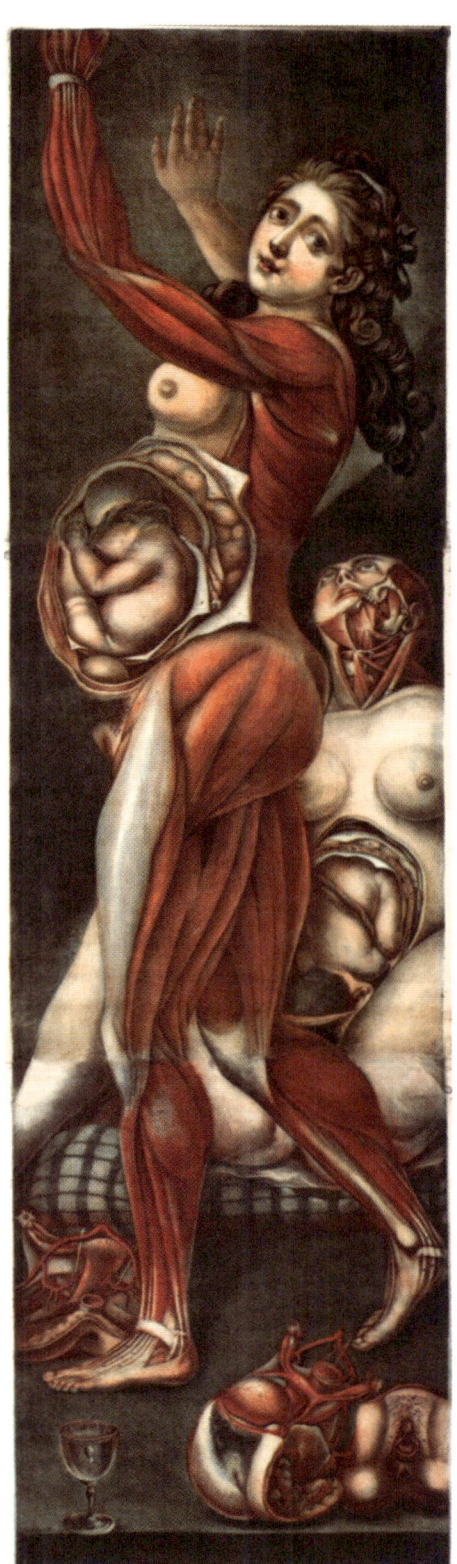

>
Jacques Fabien Gautier d'Agoty, *Femme enceinte, de profil, avec muscles partiellement apparents et fœtus visibles. En bas à droite, un homoncule dans un verre, à l'arrière-plan: femme de front, tête partiellement disséquée, fœtus visible, jambes écartées (accouchement ?)*, gravure au burin coloriée illustrant *Anatomie des parties de la génération de l'homme et de la femme*, Paris, 1773, Paris, Bibliothèque interuniversitaire de santé (BIU Santé).

de Charles Nicolas Jenty ou de Jacques Fabien Gautier d'Agoty témoignent d'une volonté de précision nouvelle. Elles reflètent leur conviction de pouvoir lutter contre les conceptions erronées les plus répandues, grâce à l'observation directe. L'évolution de la représentation de la grossesse est révélatrice de l'engouement pour l'obstétrique et de la puissance nouvelle des accoucheurs en Europe. Longtemps aux mains des matrones et des sages-femmes, la grossesse et l'accouchement s'ouvrent progressivement aux chirurgiens masculins à partir du XVIIe siècle. Le progrès des connaissances et de l'enseignement revalorise l'obstétrique et permet aux chirurgiens-accoucheurs de se positionner du côté de la science. Ils commencent à acquérir des compétences et une réputation pour les cas difficiles, ce qui conduit à d'âpres conflits avec les sages-femmes.

Des mannequins et des cires anatomiques de femmes enceintes qui fascinent

Aux XVIIe et XVIIIe siècles, les élites cultivées se passionnent pour les sciences naturelles et la biologie. L'intérêt pour l'anatomie et les mystères de la « génération » conduit à la vogue des dissections dans des théâtres anatomiques et à la multiplication des cabinets de curiosités dans toute l'Europe. L'anatomie féminine suscite un intérêt particulier de la part du public tant féminin que masculin, comme en témoigne la multiplication des Vénus anatomiques en ivoire et en cire. En effet, les dissections de femmes enceintes ou de fœtus à différents stades étant rares, et la conservation des corps difficile, des modèles anatomiques en cire sont mis au point pour montrer ce qui était trop petit ou caché. Facultés de médecine et cabinets privés développent alors des collections importantes dans ce domaine.

Il reste difficile de savoir en quoi les nouvelles connaissances sur la grossesse et le fœtus ont modifié les représentations que s'en font les individus, hors du monde médical. Les images anatomiques ont connu une diffusion limitée à des milieux cultivés, et très vite, on a jugé qu'elles blessaient la pudeur féminine et qu'il n'était pas digne pour les femmes de les regarder.

La vogue des cabinets de curiosités et l'intérêt pour les démonstrations d'anatomie déclinent dès la fin [...]

Clemente Susini,
Vénus des médecins,
1781-1782, cire,
université de Florence,
Museo di Storia naturale,
La Specola.

Florence, Rome ou Bologne sont réputées pour leur fabrication d'anatomies en cire au XVIIIe siècle, imitées ensuite dans toute l'Europe. À Florence, la fameuse collection du musée La Specola, fondée par le grand-duc de Toscane Pierre Léopold et gérée par l'anatomiste Felice Fontana, réunit plusieurs exemplaires de Vénus anatomiques en cire, grandeur nature, dont le couvercle situé sur l'abdomen cache un fœtus dans l'utérus. Ces cires sont élégantes, mais troublantes par leur réalisme. Les femmes semblent endormies; elles sont belles, portent des cheveux véritables et des colliers de perles, mais sous leur peau laiteuse, elles donnent à voir les profondeurs de leur intimité. Comme les gravures, les cires anatomiques oscillent entre représentation esthétisante, d'un érotisme morbide, et réelle vulgarisation du savoir anatomique.

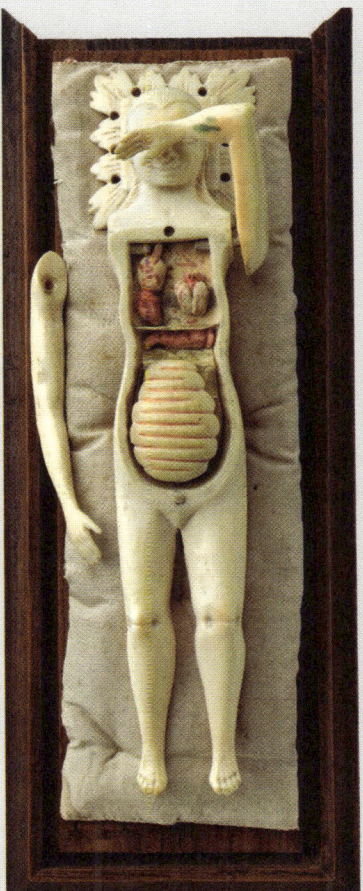
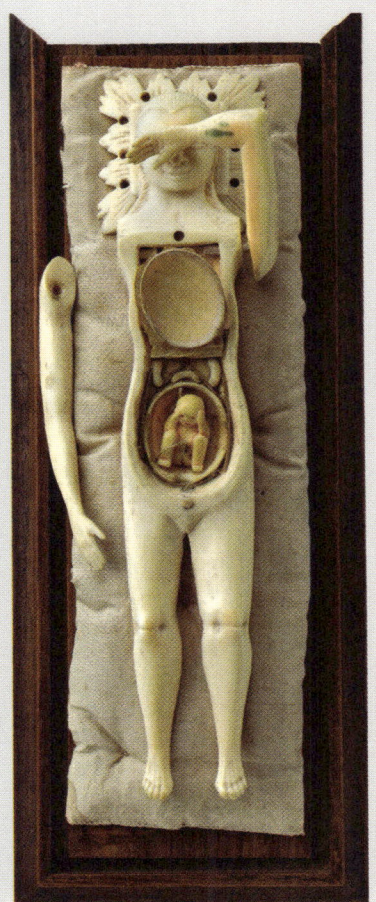

^
Mannequins anatomiques
dits *La Maternité,*
XVIIᵉ siècle, ivoire,
Écouen, musée national
de la Renaissance.

De nombreuses « Vénus anatomiques » datant des XVIIᵉ et XVIIIᵉ siècles ont été conservées, la plupart provenant d'Italie et d'Allemagne du Sud. Longues de 12 à 25 centimètres, elles représentent une femme allongée sur le dos, la tête sur un oreiller. Les organes internes sont rendus visibles grâce à un couvercle amovible. Toujours figurées avec un utérus gravide, elles témoignent de l'association évidente entre féminité et maternité. Leur rôle pédagogique devait être limité et ne pouvait guère convenir à la formation des chirurgiens ou des sages-femmes, la représentation anatomique restant très sommaire. Ces objets de prix venaient plutôt satisfaire l'intérêt et le voyeurisme d'un public cultivé et trouvaient leur place dans les cabinets de curiosités.

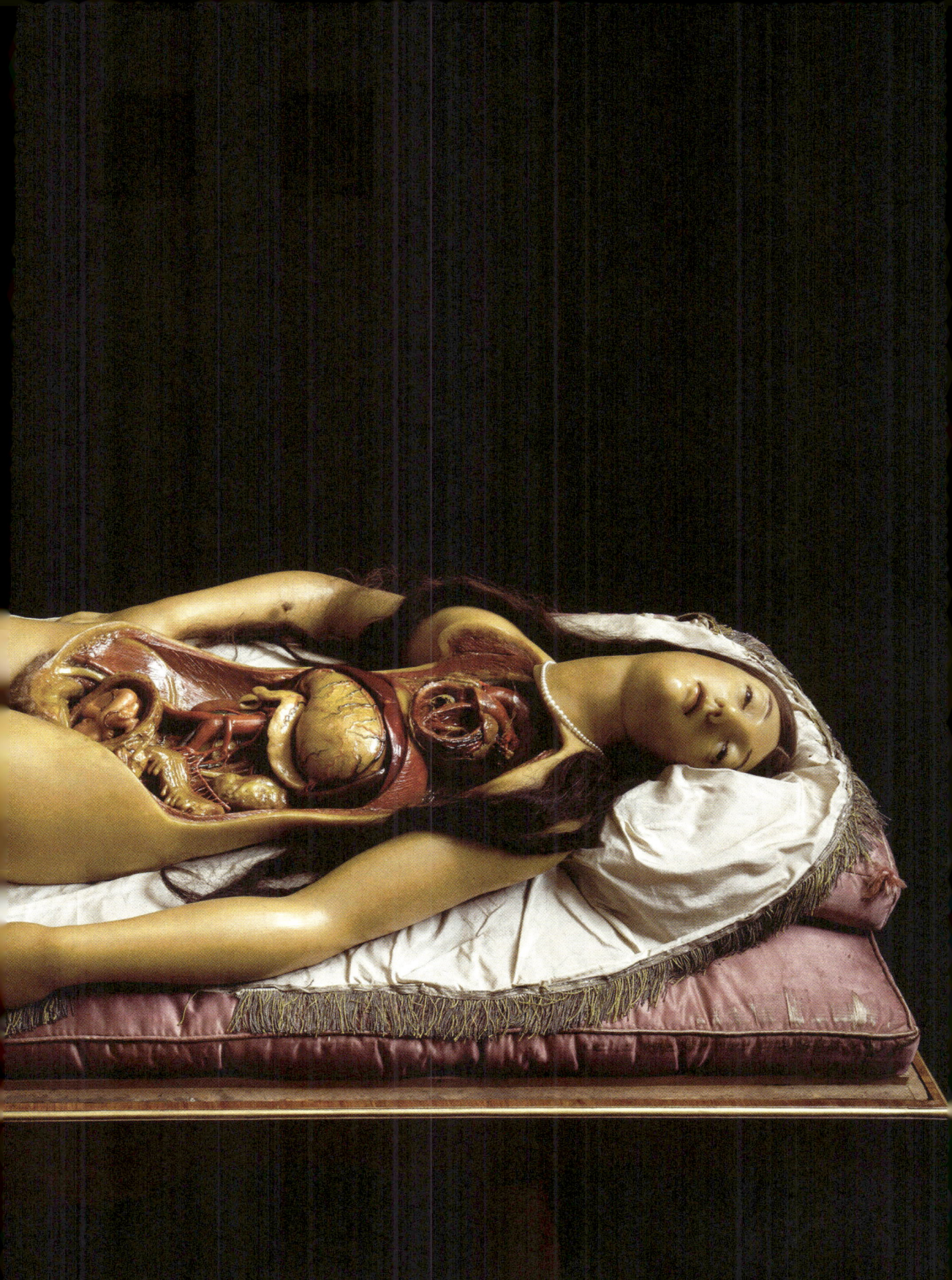

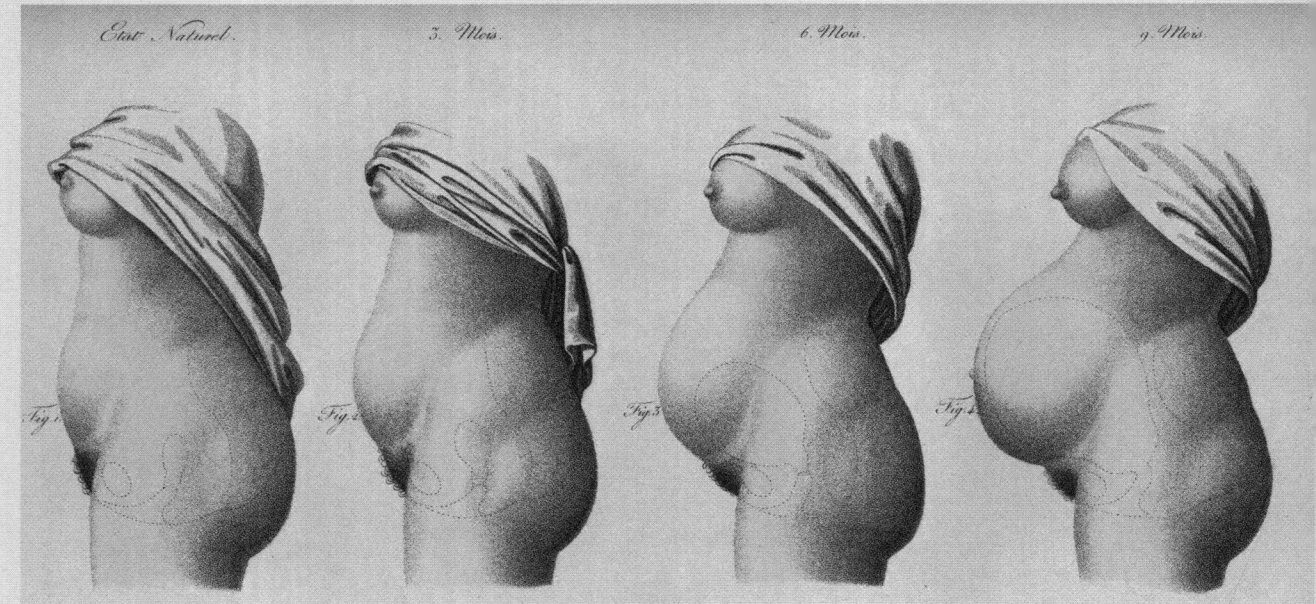

A. Chazal,
*Histoire de la grossesse (état naturel,
3 mois, 6 mois, 9 mois)*, gravure
illustrant Jacques-Pierre Maygrier,
*Nouvelles Démonstrations
d'accouchements*,
Paris, Bechet, 1822, pl. XXVI,
Paris, Bibliothèque interuniversitaire
de santé (BIU Santé).

Au XIXe siècle, les planches représentant
femmes enceintes, embryons et fœtus sont
plus réalistes. Les anatomistes ne cherchent plus
à faire des efforts de mise en scène spectaculaire
dans leurs planches. Celles-ci se veulent neutres
et froidement scientifiques : elles sont là
pour donner à voir les nouvelles connaissances
et permettre leur vulgarisation.

[...] du XVIIIe siècle. La miniaturisation des découvertes les rend plus difficiles à présenter au grand public et les mentalités évoluent. En outre, il ne devient guère décent chez des élites gagnées par les valeurs bourgeoises de se délecter publiquement de ces spectacles morbides et impudiques. Quant aux collections anatomiques, elles sont désormais plutôt le propre des musées, créés à cet effet un peu partout en Europe à la charnière des XVIIIe et XIXe siècles, comme le musée Dupuytren fondé à Paris en 1835.

Exploration anatomique et dissections sont longtemps vues par le peuple comme une profanation. Toutefois, au XIXe siècle, les couches populaires urbaines fréquentent volontiers les spectacles anatomiques des baraques de foire et autres zoos humains. Ainsi le musée Spitzner, créé en 1856 à Paris, ou le musée Quitout présentent différentes sections où l'on peut voir notamment des pièces naturelles conservées dans le formol, des « monstres » et des cires anatomiques. Les cires plus prisées concernent les parties sexuelles, la grossesse et l'accouchement. Même si un certain savoir anatomique, très vulgarisé, peut être glané par les curieux, ces cires flattent surtout le goût morbide et le penchant au voyeurisme du public masculin. Le caractère ambigu de ces musées forains conduit d'ailleurs à leur déclin à la fin du XIXe siècle, puis à leur disparition après la Première Guerre mondiale.

ˇ

Femme enceinte morte pour avoir trop serré son corset en allant à un bal,
Allemagne, fin du XIXe siècle, modèle en cire, collection William Bonardo [vente Christie's 2001].

William Bonardo a hérité – grâce à son épouse Lily Binda – de plusieurs centaines de cires anatomiques. Durant plus de trente ans, le couple a sillonné l'Europe avec son musée ambulant pour présenter ces modèles dans les foires. La collection s'intéresse à des sujets divers, comme la croissance du fœtus et l'accouchement, les opérations chirurgicales, les ravages de l'alcoolisme, les anomalies physiques ou encore les monstres. Visant à instruire la population, notamment dans le but de prévenir les maladies et favoriser l'hygiène publique, les cires sont cependant mises en scène pour provoquer le frisson des spectateurs et leur donner l'impression d'accéder aux « Mystères humains », comme le proclame une bannière disposée à l'entrée du musée. Le modèle représentant une femme enceinte morte à cause de son corset illustre bien l'objectif à la fois pédagogique et moralisateur, mais aussi voyeur, de ces cires anatomiques.

Les tabous de la représentation de la grossesse
DANS LES ARTS NOBLES

Si les images médicales dévoilent crûment les détails de l'anatomie des femmes enceintes, l'art est beaucoup plus pudique. De la Renaissance au XIXe siècle, les tabous qui touchent les femmes enceintes continuent d'entraver les artistes, particulièrement dans les genres artistiques jugés les plus nobles, comme la peinture allégorique et la peinture d'histoire.

Les femmes enceintes dans la peinture mythologique

Un épisode mythologique – assez mineur – évoquant une grossesse a parfois inspiré des artistes à l'époque moderne. Il s'agit du mythe de Callisto, dont les représentations dans l'art sont nombreuses. C'est Ovide, dans ses *Métamorphoses,* qui raconte l'histoire de cette nymphe appartenant au cortège de Diane/Artémis. Séduit par sa grande beauté, Jupiter se fait passer pour Apollon ou pour Diane – selon les versions –, puis il s'unit à elle et la féconde. Mais un soir qu'elle se baigne avec les autres nymphes, Callisto ne peut dissimuler ses formes arrondies à Diane qui l'appelle et l'accuse de trahison. Vierge farouche, la déesse exige en effet de

ses suivantes qu'elles fassent vœu de chasteté ; elle chasse donc Callisto de son cortège. Ce mythe a beaucoup inspiré les artistes depuis la Renaissance jusqu'au XVIIe siècle. Le moment de la découverte de la grossesse est souvent choisi par les artistes, comme Titien, qui reprend le mythe pour décorer le palais du Prado. On voit Diane, reconnaissable à son croissant sur la tête, pointer un doigt accusateur sur Callisto qui est en train de se faire dévêtir par les autres nymphes.

Dans la *Diane et Callisto* de Rubens, peinte en 1639, la nymphe, honteuse de sa situation, baisse la tête devant la déesse qui l'accuse. Le point commun des représentations de cette époque est de ne pas distinguer l'aspect physique de Callisto de celui des autres femmes. En un temps où l'idéal féminin se porte sur des femmes bien en chair, les nymphes et la déesse ont toutes des formes amples et un ventre arrondi. Seuls certains attributs et l'attitude des personnages permettent de distinguer leur identité. Ces caractéristiques s'observent également dans la peinture française jusqu'au XIXe siècle. Ainsi, dans le tableau d'Eustache Le Sueur, *Diane découvrant la grossesse de Callisto* (1638-1639), Callisto a des hanches et un ventre généreux, mais à peine plus que Diane qui préside la scène. Après le XVIIe siècle, la découverte de la grossesse de Callisto n'est [...]

^
Titien,
Diane et Callisto,
1566, huile sur toile,
Vienne, Kunsthistorisches
Museum.

La représentation explicite d'une femme enceinte
pour symboliser l'abondance ou la fécondité
de la nature est rare dans la peinture allégorique,
malgré l'exemple célèbre donné par *Le Printemps* de Botticelli.

Si son titre (adopté au XVIe siècle) peut faire penser à une fête
célébrant l'arrivée du printemps, cette œuvre, qui mêle
des symboles païens et chrétiens, est particulièrement
complexe à interpréter. Elle illustrerait les métamorphoses
de l'âme vers le divin selon la philosophie néo-platonicienne
développée alors par Marsile Ficin à l'académie de Careggi,
à Florence. La scène se déroule dans un bosquet d'orangers
du jardin d'Amour. À droite, à côté de Zéphyr et de la nymphe
Chloris, se tient Flore, la déesse de la Jeunesse et de
la Floraison. Représentée enceinte et semant des fleurs,
elle symbolise la fécondité féminine, le renouveau de la nature,
et de manière plus générale l'amour terrestre. Sur l'axe central,
Vénus, dont la position rappelle celle des Vierges en majesté,
incarne l'idéal humaniste de l'amour spirituel. Esquissant
un geste de bénédiction en direction des trois Grâces
et de Mercure, elle semble également enceinte. Une lecture
de droite à gauche révélerait « la progressive élévation
de l'âme de la forme d'amour la plus basse au ravissement
de la contemplation de Dieu, en passant par la génération
(...) car la passion pour la femme aimée suscite le désir
d'engendrer des enfants et de fonder une famille,
puis de contempler Dieu: là est, selon Ficin, le but idéal
de l'amour » (Brigitte Urbani, « De la *Primavera* de Botticelli
au *Bosco d'amore* de Guttuso », *Italies,* Revue d'études
italiennes, université de Provence, n° 8, *Jardins,* 2004).

Sandro Botticelli,
Le Printemps,
tempera sur panneau de bois, 1482,
Florence, galerie des Offices.

[...] plus guère un sujet prisé par les artistes. Ils privilégient d'autres moments du mythe, notamment la rencontre entre Jupiter et Callisto, qui inspire beaucoup la peinture galante, notamment celle de Boucher. On trouve toutefois quelques rares exemples jusqu'au XIXe siècle, mais sans évolution formelle notable, et le peintre Blondel décore la seconde galerie de Diane du château de Fontainebleau en reprenant ce mythe. Les silhouettes féminines sont plus sveltes qu'au XVIIe siècle, mais la grossesse de Callisto n'est guère plus évidente que dans les œuvres plus anciennes. Le mythe est en fait, comme bien d'autres, un prétexte commode pour évoquer la nudité féminine. Les femmes enceintes ne constituent pas fondamentalement un sujet pour la peinture mythologique, car la représentation physique de la grossesse s'oppose aux canons esthétiques et moraux de l'époque.

La représentation de la grossesse dans la peinture d'histoire

Quelques rares tableaux de l'époque moderne figurent parfois une femme enceinte, notamment comme une figure propre à inciter à la pitié ou à la charité. Vers 1630, Claude Vignon représente ainsi, vêtus à l'antique, une *Jeune femme, dont la maternité semble prochaine, implorant la justice d'un guerrier*. Le titre, comme la silhouette de la jeune femme, ne laissent guère d'ambiguïté sur la réalité de la grossesse. Ce type de représentation explicite reste assez exceptionnel jusqu'au XIXe siècle.

Toutefois, sous l'Empire, la propagande napoléonienne utilise un événement authentique impliquant une femme enceinte pour vanter la pitié de l'Empereur. Dès le début de son ascension politique, Napoléon Bonaparte a utilisé la puissance de l'image à des fins de propagande, et les artistes ont largement contribué à construire sa légende. La plupart des représentations cherchent surtout à glorifier le héros, mais certaines images ont vocation à montrer l'Empereur sous un visage plus humain et à louer notamment sa grandeur d'âme avec les femmes. C'est le cas de l'épisode de la clémence de Napoléon envers Mme de Hatzfeld. Les faits sont connus des historiens : en 1806, le prince Hatzfeld, gouverneur de Berlin, est accusé de trahison après la découverte d'une lettre compromettante. Il est condamné à mort pour espionnage. Mais à la nouvelle de l'arrestation de son époux, la princesse de Hatzfeld, enceinte de huit mois, réussit à forcer l'entrée du cabinet de l'Empereur et se jette à ses pieds en protestant de l'innocence de son mari. Napoléon lui fait lire la lettre au contenu accablant, dont elle reconnaît l'écriture. La suite est racontée par Napoléon dans une lettre à Joséphine le 6 novembre 1806 :

« J'ai reçu ta lettre où tu parais fâchée du mal que je dis des femmes. Au reste, tu verras que j'ai été fort bon pour une qui s'est montrée sensible et bonne, Madame de Hatzfeld. Lorsque je lui montrai la lettre de son mari, elle me dit en sanglotant, avec une profonde sensibilité, et naïvement : "Ah, c'est bien là son écriture !" Lorsqu'elle lisait, son accent allait à l'âme ; elle me fit peine. Je lui dis : "Eh bien ! Madame, jetez cette lettre au feu, je ne serai plus assez puissant pour faire punir votre mari." Elle brûla la lettre, et me parut bien heureuse. Son mari est depuis fort tranquille ; deux heures plus tard, il était perdu. Tu vois donc que j'aime les femmes bonnes, naïves et douces ; mais c'est que celles-là seules te ressemblent. »

Cet acte de clémence a été largement relayé par la propagande impériale et a donné lieu à maintes représentations artistiques, tant en peinture qu'en gravure et même sur toutes sortes de boîtes. La grossesse de la princesse y est plus ou moins visible, ce qui révèle des normes différentes selon les genres et les supports artistiques. L'épisode a ainsi fait l'objet de plusieurs œuvres présentées au Salon de 1808, mais c'est le tableau de Marguerite Gérard (1761-1837),

belle-sœur de Fragonard et artiste reconnue, qui a eu les faveurs de la critique. Elle choisit de représenter le moment où la jeune femme vient de prendre connaissance de la lettre de son mari. Défaillante, elle s'est assise sur un siège et semble profondément affligée. Elle a les hanches larges mais sa position, comme le drapé flou de sa robe à taille haute, cachent la saillie du ventre. L'Empereur se tient debout face à elle ; d'un geste autoritaire, il lui intime l'ordre de brûler la lettre dans la cheminée. Les peintures de grand format présentées au Salon suggèrent donc plus qu'elles ne montrent vraiment le ventre de la femme enceinte, par respect des convenances, alors que les gravures ou les boîtes, d'usage plus privé, n'ont pas à supporter les mêmes contraintes de représentation et sont plus réalistes.

Malgré la popularité du thème de la clémence de Napoléon envers Mme de Hatzfeld, la grossesse n'est pas au XIXe siècle un sujet d'intérêt pour les artistes qui exposent au Salon.

Couvercle de boîte représentant la clémence
de Napoléon envers Mme de Hatzfeld,
début du XIXᵉ siècle, bois peint,
Rueil-Malmaison, musée national du Château
de Malmaison, collection Georges de Grèce.

De nombreuses gravures, comme celle de Nicolas André
Monsiau, montrent la princesse à genoux, prête à brûler
la lettre. Montré de profil, son ventre très proéminent se
détache nettement, souligné par les vêtements plaqués
sur le corps. Ces gravures servent elles-mêmes de
modèles aux images reproduites sur des supports variés:
pendules, tabatières ou étuis à cigares, qui ont connu une
diffusion beaucoup plus large et ont contribué à
populariser cet événement.

Des femmes enceintes
PEU REPRÉSENTÉES EN PORTRAIT

Les femmes enceintes font très rarement l'objet d'un portrait avant le XXe siècle. Ce genre artistique connaît pourtant un essor considérable depuis la fin du Moyen Âge en Occident, en lien avec l'intérêt accordé à la personne humaine et à l'individu lui-même.

Un sujet rare dans la peinture profane avant le XVIIIe siècle

Quelques exemples peuvent néanmoins être relevés dans la peinture profane européenne au début de l'époque moderne, mais ils restent peu nombreux et souvent ambigus. Si *La Gravida* (1505-1506) de Raphaël semble bel et bien enceinte, les critiques soulignent alors le caractère inhabituel du portrait d'une femme enceinte dans la peinture italienne. Dans d'autres tableaux, la grossesse est moins assurée. C'est le cas pour *Les Époux Arnolfini* (1434) de Jan Van Eyck, œuvre qui suscite encore aujourd'hui des interprétations divergentes. Chez les maîtres flamands du XVe siècle, les canons de beauté conduisent à représenter les femmes avec un corps longiligne, un ventre proéminent et des seins petits et ronds. Dans ces conditions, il est difficile de savoir si la femme est enceinte ou non. La grossesse supposée des femmes peintes sur plusieurs toiles de Vermeer comme *La Femme en bleu lisant une lettre* (vers 1663) ou *La Femme tenant une balance* (vers 1664) est également discutée. En effet, les coupes des costumes flamands et hollandais du temps dessinent une silhouette au ventre arrondi qui n'est pas nécessairement significatif d'une grossesse.

En revanche, l'étude des portraits anglais menée par Karen Hearn incite à penser qu'une tendance à représenter des femmes enceintes a bien existé en Angleterre entre la fin du XVIe et le début du XVIIe siècle. Plusieurs tableaux, notamment ceux attribués à Marcus Gheeraerts II, paraissent éloquents.

>

Jan Van Eyck, *Les Époux Arnolfini* (détail), 1434, huile sur panneau de bois, Londres, The National Gallery.

Les débats sur le sens à donner à ce tableau sont anciens. Pour Erwin Panofsky, il s'agit d'un tableau de mariage; Pierre-Michel Bertrand y voit quant à lui une œuvre autobiographique: Van Eyck se serait représenté avec sa femme Marguerite, enceinte. Pierre-Michel Bertrand se fonde non seulement sur l'apparence de la femme, mais aussi sur l'inscription latine lisible sur le tableau qu'il traduit par « Jan Van Eyck, mon fils, était ici dans le ventre de sa mère en 1434 » ainsi que sur divers éléments interprétés comme des symboles déguisés de l'enfant à naître - notamment les fruits sur le coffre.

Les raisons avancées pour expliquer cette vogue éphémère restent peu claires. Outre la volonté de montrer par anticipation la perpétuation d'une dynastie ou d'une famille, ce type de portraits révèle vraisemblablement le désir de fixer les traits d'une femme qui pourrait mourir en couches. Ce risque étant alors fréquent en Angleterre comme ailleurs, il s'agissait peut-être de conserver une image de la mère pour l'enfant et sa famille au cas où elle ne survivrait pas. Certains de ces tableaux sont d'ailleurs commandés par les femmes elles-mêmes, et parfois accompagnés d'une lettre destinée à l'enfant à naître et dans laquelle la future mère consigne des propos relatifs à sa personne et à sa famille. Les perles qui constellent les vêtements de quelques-unes de ces femmes enceintes ont été interprétées non seulement comme un signe de richesse, mais aussi comme une allusion à sainte Marguerite, dont c'est l'un des attributs. Figurer ces perles pourrait donc être une manière d'invoquer la sainte protectrice des accouchées et de s'attirer son influence bénéfique. La plupart des portraits ayant été réalisés entre la fin des années 1580 et les années 1630, un lien peut aussi être établi avec le contexte politique du temps. Paradoxalement, ces portraits prolifèrent sous le règne d'Élisabeth Iʳᵉ, dont le statut de reine [...]

˅

Marcus Gheeraerts II,
Portrait d'une lady inconnue,
vers 1595, huile sur panneau de bois,
Londres, Tate Gallery.

Dans les portraits anglais représentant des femmes enceintes, divers symboles désignent leur statut d'épouse chaste et de future mère. Les femmes ont le ventre bien rond, elles se tiennent souvent cambrées, parfois avec une main posée délicatement sur le haut de l'arrondi. Leurs vêtements somptueux comportent souvent des perles, symboles de richesse, de pureté et d'amour. La taille est soulignée par une chaîne en or, qui retient probablement un flacon de parfum. Certaines ladies sont représentées avec leurs enfants déjà nés, ou avec un chien, emblème de fidélité conjugale. Le fait que certains de ces tableaux soient commandés par le mari et la présence fréquente d'armoiries reflètent probablement le désir de montrer avec une certaine ostentation la fertilité du mariage et l'union réussie de deux lignées par l'intermédiaire de l'enfant qui grandit dans l'utérus.

<
Marcus Gheeraerts II,
*Portrait d'une femme
en rouge* (détail),
1620, huile sur panneau
de chêne, Londres, Tate Gallery.

Rembrandt et Saskia se marient en 1634.
Le peintre consacre à sa jeune épouse de nombreux
dessins et peintures jusqu'à sa mort prématurée
survenue en 1642; il la représente ainsi dès 1634-1635,
alors enceinte, en Flore, déesse romaine de la Nature,
du Printemps et des Fleurs.

Le thème, classique -on l'a vu chez Botticelli-, s'inscrit
dans la tradition pastorale en vogue à l'époque en Hollande.
Si ce portrait constitue une allégorie du mariage
et de ses fruits, il témoigne aussi de l'amour de Rembrandt
pour Saskia et de l'attente émue de leur premier enfant.
La grossesse est toutefois évoquée plus discrètement
que dans certains dessins du peintre. Le geste par lequel
elle relève la jupe sur son ventre camoufle à la fois
sa rondeur tout en attirant le regard, procédé qui rappelle
le portrait des époux Arnolfini par Jan Van Eyck.
Rembrandt représente à deux autres reprises sa femme
en Flore, en 1635 et 1641.

^

Rembrandt,
Saskia en Flore,
1634, huile sur toile,
Saint-Pétersbourg,
musée de l'Ermitage.

[...] non mariée posait le problème de la succession au trône d'Angleterre. À la fin du siècle, ces œuvres peuvent refléter une telle inquiétude, puis, pour les élites alliées à la nouvelle dynastie des Stuart, la volonté d'ancrer sa famille dans le temps. Cette vogue des portraits de femmes enceintes semble en tout cas momentanée, et l'on ne relève pas d'autres exemples après 1630.

Les portraits de cour et de souveraines enceintes

La représentation de la grossesse des reines ou des princesses est relativement rare dans les œuvres peintes entre la Renaissance et le XIXe siècle. Même si les unions royales et princières répondent largement à des considérations d'ordre politique, leur objectif premier est la procréation : il s'agit en effet de transmettre la couronne et d'éviter les crises politiques, fréquentes en l'absence d'héritier en ligne directe. Le choix de la future reine est donc largement fondé sur sa capacité à procréer. L'image des reines est souvent utilisée pour renforcer le pouvoir monarchique : avec leur époux, elles incarnent le modèle de la famille par excellence. Les souveraines font l'objet d'une riche symbolique qui recourt presque systématiquement aux thèmes de la fertilité et de la prospérité, preuve de l'importance accordée à leur fonction procréatrice. Pourtant, il ne semble pas être d'usage de représenter les reines enceintes. Les artistes se contentent en général de vanter la fécondité royale de manière plus abstraite, notamment par des figures allégoriques comme l'Abondance. Seuls quelques très rares tableaux montrant des souveraines enceintes ont pu être relevés en Europe pour la période comprise entre le XVIIe et le XIXe siècle. On peut citer notamment le portrait de la reine du Portugal Catherine de Habsbourg (1507-1578) peint vers 1552 par Antonio Moro, celui d'Anne d'Autriche (1601-1666) réalisé par Charles Beaubrun en 1638, ou encore le portrait de Marie Léopoldine, archiduchesse d'Autriche (1632-1649), par Lorenzo Lippi en 1649.

Même des grossesses très attendues comme celle de la reine Marie-Antoinette n'ont pas été figurées, la grossesse étant une réalité probablement trop triviale pour être montrée à une époque où la pudeur gagne du terrain : elle mettrait à mal l'image de la reine, dont la représentation chargée d'enjeux politiques se doit d'insister sur la majesté et l'autorité naturelles. Au XIXe siècle, même si les enjeux pesant sur les souveraines ne sont plus les mêmes, le sujet n'est pas plus courant. On aurait pu s'attendre à voir représenter la grossesse de l'impératrice Marie-Louise, seconde épouse de Napoléon, étant donné l'intérêt qu'elle a suscité à l'époque, mais aucune œuvre n'est recensée.

Il faut attendre la Restauration, en France, pour que l'art pictural traite une grossesse survenue dans la famille

Antonio Moro,
Portrait de Catherine de Habsbourg,
reine du Portugal,
1552, huile sur panneau de bois,
Madrid, musée du Prado.

royale : il s'agit de la cinquième grossesse de Marie-Caroline de Bourbon-Sicile, épouse du duc de Berry, fils de Charles X et unique descendant des Bourbons en France. Une seule fille du couple ayant survécu jusqu'alors, la continuité dynastique n'est pas assurée. Pire, le 13 février 1820, le duc de Berry est assassiné. Or sa femme est enceinte, et cette grossesse suscite un immense espoir en France : de multiples odes et des chansons sont même composées en l'honneur de la princesse, lui souhaitant un heureux accouchement et la naissance d'un héritier mâle. Des images de la duchesse sont également produites, parfois pour illustrer la publication de ces textes : elles représentent souvent la duchesse en tenue de deuil, se lamentant sur le tombeau de son mari ou en prière pour demander la naissance d'un fils. Les représentations de la grossesse sont plus explicites sur les gravures que sur les toiles peintes, davantage tenues de respecter la décence car exposées à la vue de tous.

Des lithographies entreprennent également d'illustrer un rêve qu'a rapporté la duchesse de Berry et dans lequel Saint Louis lui apparaît pour lui annoncer qu'elle attend un fils. Certaines de ces lithographies font une allusion explicite à sa grossesse. Le 29 septembre 1820, la duchesse met en effet au monde un fils, aussitôt surnommé « l'enfant du miracle ». La postérité des Bourbons semble donc assurée, mais ils sont bientôt chassés du pouvoir par la révolution de Juillet. Désormais, la grossesse ne fera plus, en France, l'objet d'une mise en valeur particulière destinée à renforcer le prestige de la dynastie au pouvoir.

Ailleurs en Europe, une discrétion comparable accompagne la grossesse des souveraines. Pudeur oblige, la reine Victoria, malgré ses neuf enfants, n'apparaît jamais dans un tableau officiel en état de grossesse. Un siècle plus tard, les tabous sont tombés en Angleterre : les grossesses de la princesse Diana ont été largement

Le tableau de François Kinson, *La Duchesse de Berry en habit de veuve, avec sa fille Louise-Marie-Thérèse*, peint en 1820, montre Marie-Caroline assise en tenue de grand deuil sur un canapé, un bras retenant sa fille aînée venue au monde l'année précédente. L'enfant – comme sa mère – regarde le buste paternel et tend une main vers lui. Ce sentimentalisme atténue à peine l'austérité de la scène. On devine que la duchesse est enceinte plus qu'on ne le voit, son corps vêtu de noir ne se détachant guère du fond sombre. L'ampleur du vêtement, situé dans la zone centrale du tableau, attire le regard. La masse sombre que constitue le ventre contraste notamment avec, d'un côté, la main de la duchesse qui serre un mouchoir blanc, et de l'autre, le vêtement immaculé de l'enfant. Sans être le sujet du tableau, la grossesse est donc néanmoins présente ; l'artiste réussit à l'évoquer discrètement, sans choquer la pudeur ni la dignité qui siéent à la représentation d'un membre de la famille royale.

^

Jean Auguste Dominique Ingres,
Portrait de Madeleine Chapelle enceinte,
1814, lavis d'encre au carbone,
aquarelle jaune (ocre),
Montauban, musée Ingres.

Jean Auguste Ingres a laissé un dessin de son épouse intitulé *Madeleine Chapelle enceinte,* datant de 1814. Ingres s'est marié avec elle un an auparavant et la prend souvent comme modèle. Madeleine Chapelle est ici représentée debout, en tenue d'extérieur avec son chapeau et son sac ; elle regarde l'artiste avec un air enjoué. Elle porte une robe à taille haute, comme le veut la mode du début du XIXe siècle, qui permet de dissimuler une taille épaissie par sa future maternité.

photographiées, et l'affolement médiatique autour de la grossesse de Kate Middleton, duchesse d'York, montre que les temps ont bien changé...

Le portrait de femme enceinte, un thème discret en France et en Europe aux XVIIIᵉ et XIXᵉ siècles

À partir du XVIIIᵉ siècle, les artistes comme les écrivains valorisent particulièrement la figure de la mère, ce qui est à relier à l'intérêt croissant accordé à l'enfant et à la redéfinition des rôles féminins dans la société. Cette tendance doit beaucoup au roman de Rousseau, *Julie ou la Nouvelle Héloïse* (1761), ainsi qu'à son essai *Émile ou De l'éducation* (1762), qui connaissent alors un succès prodigieux. « Vœu de la nature », la maternité est considérée comme la fonction sociale essentielle de la femme. L'amour maternel est idéalisé.

Les tableaux de genre ou les portraits de famille mettent en scène des mères attentives à leurs enfants en insistant notamment sur leur rôle éducatif, comme chez Chardin dans *Le Bénédicité* (1740) ou *La Mère laborieuse* (1740). D'autres peintres, notamment des femmes, mettent l'accent sur la proximité affective entre la mère et sa progéniture, comme Élisabeth Vigée-Lebrun dans son *Autoportrait avec sa fille Julie* (1789), ou Marguerite Gérard et sa *Mère allaitante* (fin du XVIIIᵉ siècle). Cette tendance se perpétue au XIXᵉ siècle, où les représentations des mères et de leurs enfants sont innombrables. Les œuvres de Berthe Morisot, comme *Le Berceau* (1872), ou de Mary Cassatt, comme *Mère et enfant sur fond vert* (1897) ou *Maternité* (vers 1890), ou encore de Renoir avec *Mère et enfant* (1881), montrent des femmes qui maternent tendrement leur bébé. Certaines figurent explicitement des scènes d'allaitement – où le sein maternel est parfois visible. Malgré ce contexte favorable, la représentation de femmes visiblement enceintes reste très rare. Les images sont toujours – à quelques exceptions près – extrêmement pudiques : la valorisation de la maternité ne passe pas par celle de la grossesse, encore entachée de tabous multiples.

Les portraits de femmes enceintes qui nous sont parvenus sont pour la plupart des dessins de dimensions modestes et non des toiles peintes. Le dessin est, en effet, un genre davantage propice à la figuration de ce sujet. Par son caractère spontané, plus informel, et sa moins grande publicité, il se prête mieux que les genres « nobles » à ce type de représentation. Ces portraits sont souvent réalisés par des proches, comme si les femmes enceintes répugnaient à se faire peindre par un étranger dans cet état perçu comme peu flatteur et blessant leur pudeur. La plupart des dessins représentent les épouses des artistes, dont ils ont souhaité par ce moyen immortaliser la grossesse.

Les tabous qui pèsent sur la représentation de la grossesse dans l'art pictural s'étendent à la photographie. En effet, très peu de photographies de femmes enceintes nous sont parvenues pour le XIXe siècle et le début du XXe siècle. Il semble que la réticence des femmes à se laisser photographier s'explique entre autres par la crainte de porter malheur au futur bébé. Dans les mentalités traditionnelles, percer les secrets qui entourent le fœtus, dévoiler son existence ou préparer trop promptement sa venue s'apparentent à des transgressions qui pourraient attirer le mauvais œil et entraîner la mort de l'enfant. Le caractère novateur de la photographie et sa capacité à fixer la réalité pourraient expliquer la persistance, dans ce nouvel art, du tabou relatif à la grossesse.

^

Femme enceinte et son mari,
photographie, vers 1890.

Les clichés existants renseignent sur l'apparence prêtée aux femmes pendant leur grossesse. Ainsi la femme photographiée ici en 1890 arbore-t-elle une robe à la mode du temps, assez ajustée à la taille et qui ne dissimule guère ses rondeurs. La main qu'elle pose sur son ventre et le geste tendre de son époux insistent sur l'union du couple dans l'attente d'un enfant.

>
Berthe Morisot,
Portrait de Madame Edma Pontillon,
née Edma Morisot, sœur de l'artiste
(détail), 1871, pastel sur papier,
Paris, musée d'Orsay.

Le *Portrait de Madame Edma Pontillon* réalisé par Berthe Morisot en 1871 est également un « tableau de famille », puisque le modèle n'est autre que sa sœur. Madame Pontillon est présentée le visage de face et le corps légèrement de trois quarts ; elle est assise sur un canapé clair aux motifs fleuris qui se répètent sur le rideau derrière elle. Elle est totalement vêtue de noir – elle porte probablement le deuil – et sa grossesse pourrait passer inaperçue si elle ne posait pas ses bras au sommet de son ventre. Ses mains blanches contrastent en effet fortement avec le vêtement et épousent l'arrondi du ventre, soulignant sa courbe. L'ampleur de la jupe témoigne également d'une grossesse avancée. Il s'agit là d'un portrait intime, touchant par sa simplicité. Il s'inscrit dans une série d'œuvres consacrées par Berthe Morisot à sa sœur, qu'elle se plaît à figurer souvent dans son rôle de mère.

Grossesse et vie familiale:
DES IMAGES CONTRASTÉES

Situées assez bas dans la hiérarchie des genres artistiques, les scènes de genre, qui se plaisent à représenter des sujets familiers, sont plus propices à la figuration de la grossesse que la peinture d'histoire ou le portrait. Caricatures et illustrations de presse osent encore davantage les représenter explicitement. La plupart des femmes enceintes apparaissent dans des scènes consacrées à la vie familiale, qu'elle soit idéalisée ou ridiculisée.

La grossesse, un moment privilégié qui resserre les liens familiaux chez les élites au temps des Lumières

Au XVIIIe siècle, la peinture de genre représente volontiers la vie bourgeoise et aristocratique. L'intimité du couple ou la vie de famille donnent lieu à de nombreuses images, notamment dans la seconde moitié du siècle. Elles témoignent de la diffusion en Europe d'un nouveau modèle familial, élaboré d'abord chez les élites. La famille conjugale centrée sur l'enfant et fondée sur les liens affectifs étroits entre ses membres s'impose comme le nouvel idéal et se diffuse progressivement à tous les milieux. Dans ces représentations de la vie de famille, les femmes enceintes ne sont quasiment jamais le sujet principal d'une œuvre peinte. Dans les gravures, la grossesse semble moins irreprésentable, même si elle est presque toujours idéalisée et invisible. Jean Michel Moreau le Jeune (1741-1814) a consacré cinq estampes à la vie d'une future mère dans son ouvrage *Monument du costume*, publiées en 1776 et 1777. Un texte romanesque de Rétif de La Bretonne y fut plus tard associé. Cette œuvre est précieuse, car elle donne à voir les usages concernant la grossesse chez les élites à l'époque. La grossesse apparaît comme un moment particulier, qui place la femme enceinte au centre de l'attention de tout son réseau familial et amical. La mère, les amies et le conjoint jouent un rôle important à tous les moments clés.

La première estampe, *Déclaration de la grossesse*, met en scène une jeune femme en déshabillé, assise près d'une table ; à ses côtés se trouvent un homme et une femme plus âgés, probablement sa mère et un médecin venu la visiter. Cette image est censée représenter le moment où les doutes concernant une possible grossesse se transforment en certitude, ce que rien dans l'apparence de la jeune femme ne laisse encore deviner. Elle témoigne aussi du rôle croissant du médecin auprès de la femme enceinte dans les milieux favorisés. Tandis que les femmes ne disposaient jusqu'alors que [...]

> Moreau le Jeune, *Déclaration de la grossesse*, gravure, dans *Monument du costume physique et moral de la fin du dix-huitième siècle, ou Tableaux de la vie*, 1789.

J. M. Moreau inv.   P. A. Martini Sculp. 1776

Déclaration de la Grossesse

J.M. Moreau inv.　　　　P.A. Martini Sculp 1777

Les Précautions.

J. M. Moreau le J.^{ne} del. 1776.   Ph. Trière Sculp.

J'en accepte l'heureux Présage.

N'ayez pas peur, ma bonne Amie.

Moreau le Jeune,
N'ayez pas peur ma bonne amie,
gravure, dans *Monument du costume physique
et moral de la fin du dix-huitième siècle,
ou Tableaux de la vie*, 1789.

[...] de leurs propres moyens pour détecter une grossesse, les praticiens médicaux cherchent à imposer leurs compétences. Le diagnostic ne repose toutefois pas sur un examen approfondi : le médecin se contente le plus souvent d'interroger la patiente, de prendre son pouls et parfois de consulter ses urines.

La deuxième estampe, *Les Précautions*, montre la femme enceinte sous le péristyle d'un grand escalier, disposée à sortir. À l'instant où elle s'apprête à descendre une marche pour monter dans une chaise à porteurs, un homme – probablement son mari – lui tend le bras afin qu'elle s'y appuie. La silhouette de la jeune femme semble alourdie et, même si elle est vêtue avec élégance, elle paraît engoncée dans sa robe, dont l'ampleur contraste avec la petitesse de son pied qui menace de glisser sur la marche. Moreau le Jeune montre la grossesse comme un état particulier qui nécessite d'importantes précautions : on redoute particulièrement les chutes à cette époque, notamment par crainte d'une fausse couche.

Le cadre de la troisième estampe, *J'en accepte l'heureux présage*, est une chambre aristocratique où cinq personnages sont réunis, notamment un jeune mari et sa femme, tous les deux assis sur des fauteuils et tournés vers un coffre rempli de layette présentée par une marchande de mode. Le mari, une main posée sur l'épaule de sa femme, lui montre dans son autre main un tout petit bonnet. Les deux époux semblent attendris à la pensée de l'enfant à venir, symbolisé par ce bonnet. En revanche, la grossesse n'est pas visible.

Dans la quatrième estampe, *N'ayez pas peur ma bonne amie*, la femme enceinte est représentée allongée sur un sofa dans une riche alcôve, recevant deux invitées assises en face d'elle. Un peu à l'écart, un personnage masculin, peut-être un abbé, écoute la conversation. Il est probablement question de l'accouchement prochain et des inquiétudes qu'il suscite chez une primipare. Les deux autres femmes, plus expérimentées, tiennent probablement des propos rassurants, de même que l'homme d'Église. La grossesse n'est pas plus explicitement figurée que dans l'estampe précédente, alors que le terme est proche.

La série d'estampes se termine par une cinquième image intitulée *C'est un fils, Monsieur !* On y voit les domestiques et la sage-femme présenter le nouveau-né à son père, qui, dans un élan de surprise et de joie, lève les bras au ciel.

Ces estampes montrent que la grossesse peut constituer un sujet digne d'intérêt pour les artistes, mais un tabou subsiste dans l'apparence donnée à la femme enceinte.

Quelques gravures de la même époque, plus audacieuses, représentent toutefois des femmes enceintes issues de milieux favorisés. Ces images sont destinées à un public plus populaire, ce qui explique qu'on y montre les choses franchement. Ainsi, Augustin de Saint-Aubin (1736-1807), dans *L'Heureux Ménage* montre un couple assis dans un intérieur bourgeois. L'homme vient visiblement d'arriver ; il porte encore son chapeau et a négligemment accroché son sabre sur une chaise. Il se penche tendrement vers la femme alanguie et caresse son ventre nettement arrondi par la grossesse. Sur une chaise au premier plan, une boîte à ouvrage laisse supposer que la future mère travaille à la layette de l'enfant à naître. Cette représentation de l'intimité conjugale et du bonheur tranquille qui accompagne l'attente d'un enfant témoigne des nouvelles valeurs familiales qui se diffusent dans la société.

La préparation de la layette

L'iconographie, avare en représentations de la grossesse, figure volontiers la préparation de la layette du nouveau-né. Aux XVIIIe et XIXe siècles, il s'agit d'une des activités essentielles au cours de la grossesse. Les premiers vêtements portés par l'enfant sont en effet chargés d'une importance symbolique particulière : le petit être naît nu, il est encore bien proche de l'animal ; le vêtir, c'est lui reconnaître une existence sociale et le faire entrer dans le monde des hommes. La préparation de ses vêtements tient donc une importance particulière dans l'accueil qui lui est réservé au moment de la naissance. S'il n'est pas d'usage de faire la layette trop tôt, par peur du mauvais œil, les préparatifs s'accentuent à partir de cinq-six mois, quand la grossesse devient plus tangible. D'ordinaire, c'est la future grand-mère maternelle qui fournit la layette du premier enfant. Pendant longtemps, celle-ci se transmet de mère en fille, pour des raisons à la fois économiques, sentimentales et identitaires. Cependant, dès le XVIIIe siècle, dans les milieux favorisés, il est de plus en plus courant d'acheter une layette neuve à l'arrivée d'un enfant. La transmission du linge déjà utilisé se limite dès lors à certaines pièces à forte valeur symbolique, comme la robe de baptême. Au XIXe siècle, l'industrie textile et l'essor de la confection autorisent l'achat d'une layette toute faite, directement dans les grands magasins ou chez les détaillants. Seules les femmes des milieux modestes continuent de réaliser tout ou partie de leur layette. Néanmoins, même quand le trousseau est acheté, la femme et son entourage personnalisent certaines pièces, notamment en les brodant.

Les travaux d'aiguille, appris depuis l'enfance, constituent en effet un élément essentiel de la culture, de la sociabilité et de l'identité féminine.

>
Augustin de Saint-Aubin,
L'Heureux Ménage,
vers 1793, gravure par
Sergent et Gautier l'aîné.

Auguste St Aubin delin.

Sergent et Gautier l'ainé Sculp.

L'heureux Ménage.

A Paris, chez Blin, Place Maubert, N.° 17. et au Magasin des Indes et de la Chine, Rue Honoré, N.° 1449.

Ils s'accommodent bien de l'activité physique mesurée de la femme enceinte, mais ils ont aussi un rôle initiatique. La constitution de la layette peut être un moment de complicité avec le mari, qui voit souvent avec attendrissement sa compagne se préparer à son rôle de mère.

Tableaux et gravures des XVIIIe et XIXe siècles font de la représentation de la layette du nouveau-né une nouvelle occasion de célébrer les valeurs familiales. La gravure de Moreau le Jeune intitulée *J'en accepte l'heureux présage* (voir page 145) est le modèle du genre, décliné sous différentes formes durant plus d'un siècle. En 1885, une gravure coloriée, intitulée *La Layette,* d'après Loustaunau, reprend la même composition, mais resserrée sur les deux époux et dans un intérieur bourgeois luxueux. Le mari présente à sa femme un bonnet qu'il semble avoir extrait d'une corbeille à ouvrage posée sur une table derrière lui. La plupart des images représentent d'ailleurs la femme enceinte en compagnie de son conjoint. La présence attentive et émue du père dans un domaine typiquement féminin témoigne de l'investissement masculin durant la grossesse, ce qu'attestent les écrits privés. Les hommes n'ont pas attendu d'entrer dans les salles de naissance pour s'intéresser aux grossesses de leur épouse. En effet, déjà aux XVIIIe et XIXe siècles, certains semblent très attentifs et prévenants pendant la grossesse, en particulier quand il existe des liens affectifs étroits dans le couple. Les scènes de layette constituent néanmoins un stéréotype et une vision idéalisée de la vie familiale chez les élites. Elles tentent de montrer qu'avant la naissance, l'enfant est déjà présent à l'esprit de ses parents et que ceux-ci se soucient de l'accueillir comme il se doit. La grossesse apparaît comme un moment propice au resserrement des liens familiaux et conjugaux. |...|

Sans que l'on puisse parler vraiment
de « réalisme », certaines gravures
du XVIIIᵉ siècle croquent parfois avec davantage
d'authenticité les classes populaires dans leur vie
quotidienne. À la différence des œuvres « nobles »
qui camouflent la grossesse par les vêtements, le costume
met au contraire le ventre en évidence dans ce type
de gravures, parfois même de manière exagérée.

La Sollicitude maternelle de Saint-Aubin montre une femme
du peuple dans son intérieur. Représentée de profil, elle est
à un stade avancé de sa grossesse, et son ventre semble
la gêner dans ses gestes. Très cambrée, la femme se tient
d'une main à une chaise pour garder l'équilibre et fait
la cuisine de l'autre. Le désordre qui règne dans la pièce,
la présence d'un jeune enfant nu qui dort encore au berceau
et son regard mélancolique dégagent une impression
de solitude et de résignation qui tranche avec le bonheur
bourgeois dépeint dans les estampes contemporaines
du même auteur.

^

Augustin de Saint-Aubin,
La Sollicitude maternelle,
vers 1793-1795,
gravure par Sergent et Phelypaux.

[...] Aléas de la vie de famille
et de la grossesse

Au XIXᵉ siècle, les caricatures et les images de presse représentant des femmes enceintes se multiplient. Ce phénomène s'explique par le développement du tirage des journaux et la prolifération des titres. Les enjeux ne sont pas non plus les mêmes sur ce support que dans les autres genres iconographiques. La caricature n'est pas là pour représenter les femmes de manière idéalisée ou réaliste : au contraire, elle se moque de leurs défauts en les accentuant. La pudeur et la bienséance ne sont pas non plus ici un obstacle à la représentation de la grossesse, puisque les caricatures jouent volontiers sur des registres grivois, scatologiques et cherchent à provoquer une réaction chez le spectateur en le faisant rire ou en le choquant. Les représentations de femmes enceintes restent toutefois assez stéréotypées ; elles recyclent souvent les mêmes plaisanteries plus ou moins douteuses que l'on rencontre dans la littérature populaire, comme par exemple les caricatures sur le thème des aléas de la vie de famille et de la parentalité. À une époque où le contrôle des naissances se généralise dans toutes les couches de la société française, ces images montrent les grossesses répétées et les familles nombreuses comme un fardeau. Ainsi, sur une lithographie de Langlumé intitulée *Mariez-vous donc,* Edme Jean Pigal présente les joies de la paternité en figurant un homme du peuple avec deux enfants dans les bras et deux autres marchant à l'arrière. Le ventre très rond de sa femme laisse entendre que la famille va continuer à s'agrandir, ce qui ne semble guère réjouir le mari.

Les envies et le regard des femmes enceintes sont également des sujets qui inspirent particulièrement les caricaturistes. Au XIXᵉ siècle, à mesure que le scepticisme gagne les milieux médicaux, la croyance aux « envies » prend une tournure beaucoup plus ludique dans la tradition populaire, et ses implications sont moins dramatiques que par le passé. Il n'est plus vraiment question de monstres ou de graves malformations, mais plutôt d'envies de fraises ou de café au lait. Les caricatures forcent le trait en moquant les envies délirantes de certaines femmes enceintes ou en mettant en image de prétendus faits divers.

>
Honoré Daumier,
Une envie de femme grosse,
1839, lithographie,
série *Mœurs conjugales,*
Paris, Ordre national
des pharmaciens.

Daumier représente l'histoire bien connue de la femme prise d'une envie de viande non satisfaite et se vengeant sur le bras d'un malheureux boucher. La scène est cocasse, car la femme a tout d'une bourgeoise et son mari, visiblement mécontent de cet esclandre, la retient à grand-peine. Cette image et d'autres scènes analogues ont une connotation sexuelle évidente. Elles laissent sous-entendre que les femmes n'ont pas seulement envie de viande ou de pain, mais de « chair fraîche », la voracité sexuelle des femmes enceintes constituant un cliché tenace. Ces caricatures, sous une apparence humoristique et grivoise, révèlent les angoisses masculines quant aux femmes ogresses insatiables...

chez Bauger R, du Croissant, 16

Imp d'Aubert & Cie

Une envie de femme grosse.

Les grossesses
FAUTIVES ET MALVENUES

Outre la vie de famille, les scènes de genre se plaisent à représenter des femmes enceintes dans des intérieurs pour traiter des sujets badins ou libertins.

Peinture de genre, grossesse et libertinage

De nombreuses images se rapportent notamment à des consultations médicales, en particulier l'examen des urines. L'uromancie, issue de l'Antiquité, est en effet une pratique courante dans la médecine classique. Elle passe pour permettre de déceler diverses affections ainsi que la grossesse. Ce sujet a souvent inspiré les artistes des XVIIᵉ et XVIIIᵉ siècles, en particulier les peintres de genre naturalistes des écoles flamandes et hollandaises. Ils montrent volontiers, et avec ironie, des femmes au ventre gonflé « malades

d'amour » et venues consulter des spécialistes, dans des scènes intitulées *La Femme évanouie, La Visite du médecin, Il n'y a pas de remède au mal d'amour*. Certains artistes vont jusqu'à représenter dans l'urinal la pellicule blanchâtre annonçant la conception, voire un homoncule.

Les peintures représentant les jeunes filles séduites et engrossées par leurs amants sont également légion, mais la grossesse n'est jamais montrée par un ventre proéminent. Il faut plutôt la chercher dans des symboles liés à la virginité perdue (cruche cassée, cage ouverte, chandelle éteinte, etc.). Ces représentations font écho aux romans, chansons et poèmes libertins qui se multiplient au XVIIIᵉ siècle et dans lesquels les jeunes filles séduites et embarrassées sont un sujet rebattu. Ainsi, une chanson intitulée tantôt *Les Fruits de l'amour,* tantôt [...]

La grossesse passant pour révolutionner l'organisme féminin dès ses débuts, il paraît impensable que la présence d'un embryon ne se manifeste pas d'une quelconque manière. Jusqu'au XIXᵉ siècle, divers « tests » de grossesse sont en usage dans les milieux populaires ruraux, mêlant médecine hippocratique et ancienne médecine des signatures. Ces tests cherchent à faire parler certaines parties du corps de la femme ou les fluides corporels féminins (sang, urine), censés être modifiés après la fécondation. Ouvrages médicaux et brochures de santé rapportent jusqu'au XVIIIᵉ siècle des recettes pour diagnostiquer la grossesse en recueillant les urines - sans connaissance des hormones, d'autres critères prévalent alors. La couleur foncée, « bien cuite », et la présence de sédiments passent en particulier pour des signes de gestation. Il n'est d'ailleurs pas totalement à exclure que des praticiens d'expérience aient été capables de détecter dans une urine troublée les signes d'une grossesse, sachant que la femme enceinte présente souvent un taux élevé d'albumine.

>
Jan Steen,
La Visite du docteur
(détail), 1658-1662,
huile sur toile,
Londres, Wellington
Museum, Apsley House.

Le célèbre William Hogarth (1697-1764),
dont les tableaux et les gravures sont souvent
copiés et largement diffusés en Europe au XVIIIe siècle,
a laissé un certain nombre d'images figurant des femmes
enceintes. Ces œuvres initient un genre qui se développe
surtout au siècle suivant : celui de la caricature morale.
Hogarth traite en effet volontiers de sujets contemporains
et moraux qu'il appelle ses « pièces morales », en dénonçant,
sous la forme satirique, les mœurs de son temps. Il fait
entrer dans sa peinture une imagerie moins élitiste que
celle de la plupart des artistes contemporains, s'inspirant
d'enseignes, d'estampes populaires ou du répertoire
de la comédie de caractère. Il se plaît aussi à peindre
les foules bigarrées des villes anglaises. Son goût pour
la satire, l'outrance, la fantaisie le conduit à traiter
de sujets jugés triviaux, ce qui explique que les femmes
enceintes y figurent plus volontiers que dans l'art « noble ».
Dans l'huile sur toile intitulée *Le Soir* (également reproduite
en gravure), Hogarth met en scène un teinturier de Londres
et sa femme accompagnés de leur nombreuse progéniture.
La mère est alourdie par une maternité prochaine, de même
que la chienne qui la précède. Mais l'image est cocasse
car derrière le couple, une fille de ferme est occupée
à traire une vache et on ne sait qui, de l'animal ou du mari,
a des cornes... ce qui conduit à jeter un regard nouveau
sur la scène et la vertu de la mère de famille.

^
William Hogarth,
Le Soir, Les Quatre Parties du jour,
Londres, 1736, huile sur toile,
collection particulière.

Dans *La Fille confuse* de Greuze (1725-1805), une mère âgée déplore
l'état de sa fille qui se tient la tête et baisse les yeux en signe de honte.
L'allusion à la grossesse, discrète, ne tient guère à l'apparence de
la jeune fille, si ce n'est à un sein découvert et à l'ampleur de la jupe.
Il en est de même chez Wille (1715-1808) dans *La Mère indulgente,*
ou dans les gravures d'après Lawrence (1769-1830), tel *L'Aveu difficile,*
ou d'Anselin, *La Faute est faite, permettez qu'il la répare,* gravée par
Borel. À chaque fois, la grossesse est à peine suggérée: souvent,
un simple relâchement du corsage suffit, et l'on déduit plutôt cet état
du contexte ou de la légende de l'œuvre.

[...] *Le Tourment de Lise* et attribuée vers 1781 à Garnier, narre la mésaventure d'une « jeune innocente » qui

> *A cueilli des fleurs d'amour :*
> *Mais trop imprudente,*
> *Elle tremble d'avoir pris*
> *Parmi les fleurs quelques fruits ;*
> *(...) Et chacun, peu consterné*
> *De son sort infortuné,*
> *Lui voudrait avoir donné*
> *Ce qui la tourmente.*

Les grossesses « fautives » dans les gravures et les caricatures des XVIIIᵉ et XIXᵉ siècles

Si la peinture de genre du XVIIIᵉ siècle se plaît à évoquer discrètement les grossesses fautives, gravures et caricatures multiplient les images sur le sujet au XIXᵉ siècle en représentant la gestation de manière très explicite. Les bonnes dans un état « intéressant », les jeunes filles séduites ou les femmes adultères enceintes de leurs amants sont légion, banalisant des clichés souvent misogynes. Ces images, pleines de sous-entendus grivois, mettent rarement en évidence les conséquences souvent tragiques de ces grossesses. Elles insistent plutôt sur la légèreté et la fourberie des femmes.

> Naudet,
> *Les Suites d'une piqûre*,
> première moitié du XIXᵉ siècle,
> lithographie,
> Rouen, musée Flaubert
> et d'Histoire de la médecine.

Plusieurs lithographies ou dessins associent femmes enceintes et piqûres. Elles font allusion à un fait divers qui défraya la chronique en 1819 : un inconnu avait la manie de piquer le postérieur des femmes avec une pointe fixée au bout de sa canne. Cette pratique suscita de nombreux imitateurs au cours du siècle... Sur la lithographie de Naudet intitulée *Les Suites d'une piqûre*, on voit au premier plan une femme enceinte, la main droite posée sur son gros ventre, l'air mélancolique. À l'arrière-plan, une seconde femme, affolée, semble courir, la main gauche posée sur une fesse

Le Résultat d'une piqûre.

et l'autre main en l'air. Elle est poursuivie par une seringue qui émerge de la partie droite de l'image. Outre l'allusion au fait divers évoqué précédemment, la seringue est évidement un symbole phallique : la femme enceinte est celle qui s'est fait piquer. Nombre d'images reprennent ce thème au XIXᵉ siècle. Ainsi, une estampe intitulée *Consultation des piqûres* montre un médecin élégant tâtant le pouls d'une jeune fille enceinte cependant que sa mère pleure. Le médecin déclare : « celle-ci n'est pas dangereuse »...

Les amants ou les maris bernés sont également nombreux dans les caricatures : on ne compte plus les fiancées qui cherchent à se faire épouser alors qu'elles sont enceintes d'un autre, ou les jeunes mariées dans un état de grossesse avancé.

La tentation d'éviter, de cacher ou d'interrompre la grossesse

Certaines images, moins fréquentes et plutôt tardives, révèlent comment certaines femmes cherchent à éviter le fardeau des grossesses non désirées. Celles-ci sont nombreuses, soit qu'elles se déroulent hors des liens du mariage, soit qu'elles menacent l'équilibre familial en augmentant le nombre de bouches à nourrir. Les pratiques contraceptives ne sont pas inconnues des populations aux siècles passés, mais elles se banalisent et se diffusent en France dès la fin du XVIIIᵉ et surtout au XIXᵉ siècle, d'abord chez les élites, puis chez les paysans, et enfin dans les milieux ouvriers. Longtemps limitées au coït interrompu, les [...]

<
Alphonse Jacques Lévy, dit Saïd,
« Ça c'est pour les riches »,
1903, lithographie,
Paris, musée d'Art et d'Histoire
du judaïsme.

Sur la lithographie de Saïd, une mère chargée d'enfants et visiblement enceinte regarde une vitrine de bazar où s'entassent canules et siphons utilisés comme moyens anticonceptionnels. Le titre de l'image, *« Ça c'est pour les riches »*, laisse à penser que l'usage de ces procédés est limité socialement.

à mon vieux
compatriote Piot

LA
GRAINE
par
jossot

N° 178.
27 Août 1904.

L'Assiette au Beurre

40 Centimes.

^

Jossot, *La Graine*,
couverture
de *L'Assiette au beurre*,
août 1904.

Certaines images de la seconde moitié du XIXᵉ et du début du XXᵉ siècle,
qui se veulent plus réalistes –voire engagées–, abandonnent les sous-entendus
grivois pour dénoncer le sort malheureux des filles mères et promouvoir
le contrôle des naissances. Plusieurs illustrations de *L'Assiette au beurre*
montrent ainsi des femmes du peuple manifestement enceintes et souvent
désespérées par leur état. La couverture réalisée par Jossot en août 1904
illustre l'expression bien connue: « Avoir un polichinelle dans le tiroir »,
qui signifie être enceinte sans le vouloir ou cacher sa grossesse. De même
qu'« un secret de Polichinelle » est connu de tous, une grossesse est toujours
révélée par le ventre qui grossit. La marionnette Polichinelle, reconnaissable
à ses deux bosses, est inspirée de Pulcinella, personnage de la commedia
dell'arte. Les mots italiens Pulcinella et *pulcino* (poussin) ont la même origine,
et l'expression, née au milieu du XIXᵉ siècle, serait la déformation d'« avoir
un poussin dans le ventre », plus ancienne.

Dans *Fécondité* de Zola, la Rouche pratique
volontiers les avortements et s'en justifie
à Mathieu Froment, le héros du roman:

« Mais ce que j'ai fait, toutes les sages-femmes le font!
Mais tous les médecins le font aussi! Mais je défie bien
une de nous de ne pas le faire, devant les confidences
lamentables que nous recevons chaque jour! (...)
Une pauvre petite commerçante me tombe ici, à moitié
morte, blessée au ventre par un coup de pied de son mari,
pleurant à chaudes larmes, disant qu'elle ne voulait pas
d'enfant: croyez-vous que j'aie eu raison de la faire
avorter, celle-là? L'autre semaine, c'était une fille
de ferme, grosse de six mois, arrivant à pied de la Beauce,
chassée de partout, poursuivie à coups de pierre par
les enfants, réduite à coucher dans les meules et à voler
la pâtée des chiens; ne pensez-vous pas que c'était
aussi une charité de la délivrer tout de suite, pour
qu'elle ne traînât pas plus longtemps son misérable fruit?
Et toutes celles que la province m'envoie, qui n'ont
qu'un saut à faire de la gare Saint-Lazare ici, des
bourgeoises, des ouvrières, me jurant qu'elles tueront
leur enfant, si je ne les en débarrasse pas! (...) Toutes,
toutes, entendez-vous! sont résolues aux pires extrémités,
à risquer de s'empoisonner avec des drogues, à se laisser
tomber dans un escalier pour attraper quelque mauvais
coup libérateur, à s'accoucher elles-mêmes, guettant
l'enfant, l'étouffant ou le portant à la rue. Alors, quoi?
que voulez-vous que je fasse? »

Émile Zola, *Fécondité,* édition 1899, p. 158.

Charles Léandre,
Chez l'avorteuse,
dans *L'Assiette au Beurre,*
1902.

Elle y entre.

Elle en sort.

^

Godefroy Engelmann,
Elle y entre (planche XIV),
Elle en sort (planche XV),
dans *Un an de la vie d'une jeune fille*,
vers 1824, gravé par Wattier,
Paris, Ordre national
des pharmaciens, collection Bouvet.

Dans l'album *Un an de la vie d'une jeune fille*, publié en 1824,
Godefroy Engelmann raconte en vingt-sept planches l'histoire
d'une jeune fille qui s'est laissé séduire par un galant, lequel
l'abandonne après l'avoir mise enceinte. La planche XIII intitulée
Vains regrets montre la demoiselle, le ventre bien rond, assise
sur un fauteuil, l'air accablé à la lecture d'un billet de son amant.
Désespérée, elle entre chez une sage-femme qui prend discrètement
des pensionnaires, et nommée -cela ne s'invente pas- Mme Mistère.
La planche XIV, *Elle y entre*, montre la jeune femme, le ventre lourd,
qui pénètre tête basse et en se cachant chez la sage-femme
pour y accoucher en secret. Dans l'image suivante, *Elle en sort*,
il n'y a plus trace de la grossesse. La demoiselle est toute fine
et pimpante, une fleur au corsage, prête à séduire à nouveau.
L'histoire se termine bien: elle finit par se marier avec un naïf
qui ne soupçonne rien de son passé...

[...] pratiques malthusiennes se diversifient. À la fin du XIXe siècle, la vente de préparations liquides et de solutions censées empêcher la conception se banalise dans les pharmacies, les bazars ou par correspondance, de même que des clysopompes ou autres dispositifs d'injection vaginaux ou utérins.

Si la grossesse n'a pu être évitée et ne peut être assumée, plusieurs possibilités s'offrent à la femme enceinte. Tout d'abord, elle peut tenter de cacher sa faute en dissimulant sa grossesse et son accouchement. Bien des filles mères fuient ainsi vers les grandes villes pour trouver refuge soit dans les hôpitaux, soit chez des sages-femmes qui se spécialisent dans l'accueil discret de pensionnaires.

Certaines sages-femmes proposent aussi aux femmes de les délivrer de leur fardeau. En effet, l'avortement se développe considérablement au XIXe siècle, surtout en ville, et il ne concerne plus seulement les grossesses issues de relations illégitimes. Les femmes tentent d'abord, généralement, de faire revenir leurs règles en recourant à des breuvages spécifiques ou à diverses pratiques réputées abortives, comme la saignée. Elles ont cependant de plus en plus recours à des praticiens qui maîtrisent des techniques jugées plus efficaces (percement et décollement des membranes). La littérature de la seconde moitié du XIXe siècle contribue à ancrer le cliché de la sage-femme « faiseuse d'anges », comme la Rouche dans le roman *Fécondité* de Zola. L'imagerie populaire n'est pas en reste : la caricature *Chez l'avorteuse* semble faite pour susciter l'horreur devant une matrone « ogresse » qui collectionne les fœtus comme des bocaux de confiture…

Le tabou des tabous dans l'art:
LA FEMME ENCEINTE NUE

Si la grossesse peut être explicitement représentée dans les images médicales ou la caricature, les femmes enceintes restent rares dans l'art aux XVIIIe et XIXe siècles.

Des exemples rares dans des œuvres confidentielles

Outre les raisons tenant aux normes de pudeur et de beauté, ce phénomène s'explique aussi par des tabous bien plus profonds qui tiennent à la sexualité et à nos origines. Ceux-ci se révèlent notamment dans la représentation quasi impossible de la femme enceinte nue, qui fait figure pendant longtemps, dans l'art occidental, de tabou suprême, de même que le sexe féminin. La plupart des représentations de femmes enceintes nues des XVIIIe et XIXe siècles sont presque uniquement des dessins d'artistes non destinés à être vus par un large public. Ils appartiennent pour la plupart aux papiers personnels des peintres ou des sculpteurs, et ont souvent des implications érotiques.

La sculpture expose encore moins les femmes enceintes que la peinture. Un exemple a pu toutefois être relevé chez Degas, qui figure une femme enceinte nue, debout, légèrement penchée en avant et se tenant le ventre (voir page 105). L'original de cette sculpture, en cire, date de 1896-1911 et est conservé dans la collection Paul Mellon (National Gallery of Art à Washington); il a été découvert chez Degas après sa mort en 1917 et a fait l'objet de plusieurs éditions en bronze, dont celle conservée au musée d'Orsay. Le caractère peu travaillé de cette œuvre, qui ne rend guère le détail du visage, de la poitrine et du pubis, ainsi que la diffusion confidentielle des différents exemplaires expliquent qu'elle n'ait pas suscité autant de scandale que les tableaux consacrés au même thème.

Des œuvres d'avant-garde qui transgressent

Deux tableaux permettent de cerner les enjeux qui se trament autour de la représentation de la femme enceinte nue. Tous deux ont suscité des réactions extrêmes depuis leur création jusqu'à aujourd'hui: *L'Origine du monde* de Courbet (1866), et *Espoir I* de Klimt (1903). Dans ces deux tableaux, les femmes donnent à voir le cœur de leur féminité, le mystère de l'éternel féminin, et se livrent dans le plus simple appareil aux regards des spectateurs. Le caractère « aveuglant » de

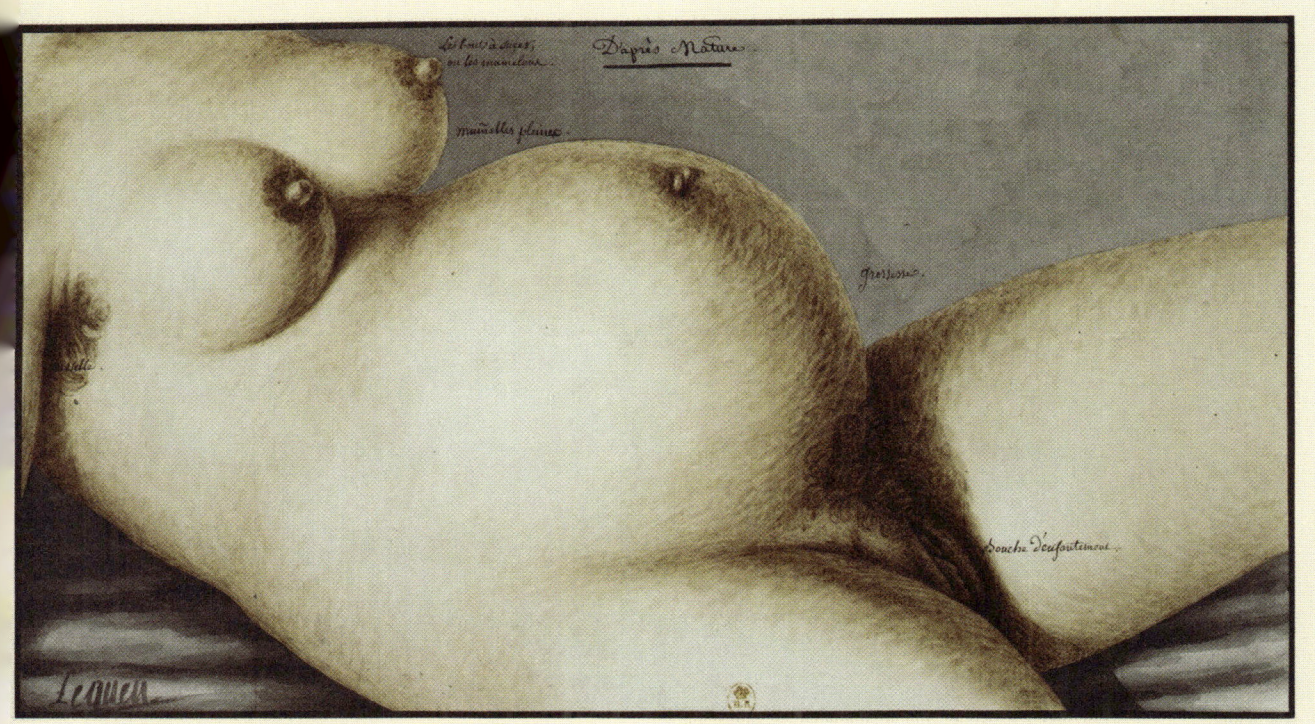

Jean-Jacques Lequeu,
D'après nature,
1779-1795, plume, lavis,
Paris, Bibliothèque nationale de France,
Enfer du département des Estampes
et de la Photographie.

Jean-Jacques Lequeu (1757-1826) est un architecte et dessinateur français, qui a travaillé notamment pour l'Académie royale des sciences, belles-lettres et beaux-arts. Il n'a presque rien construit, mais il a laissé beaucoup de dessins qu'il a légués à la Bibliothèque royale, notamment des œuvres érotiques très audacieuses pour son temps.

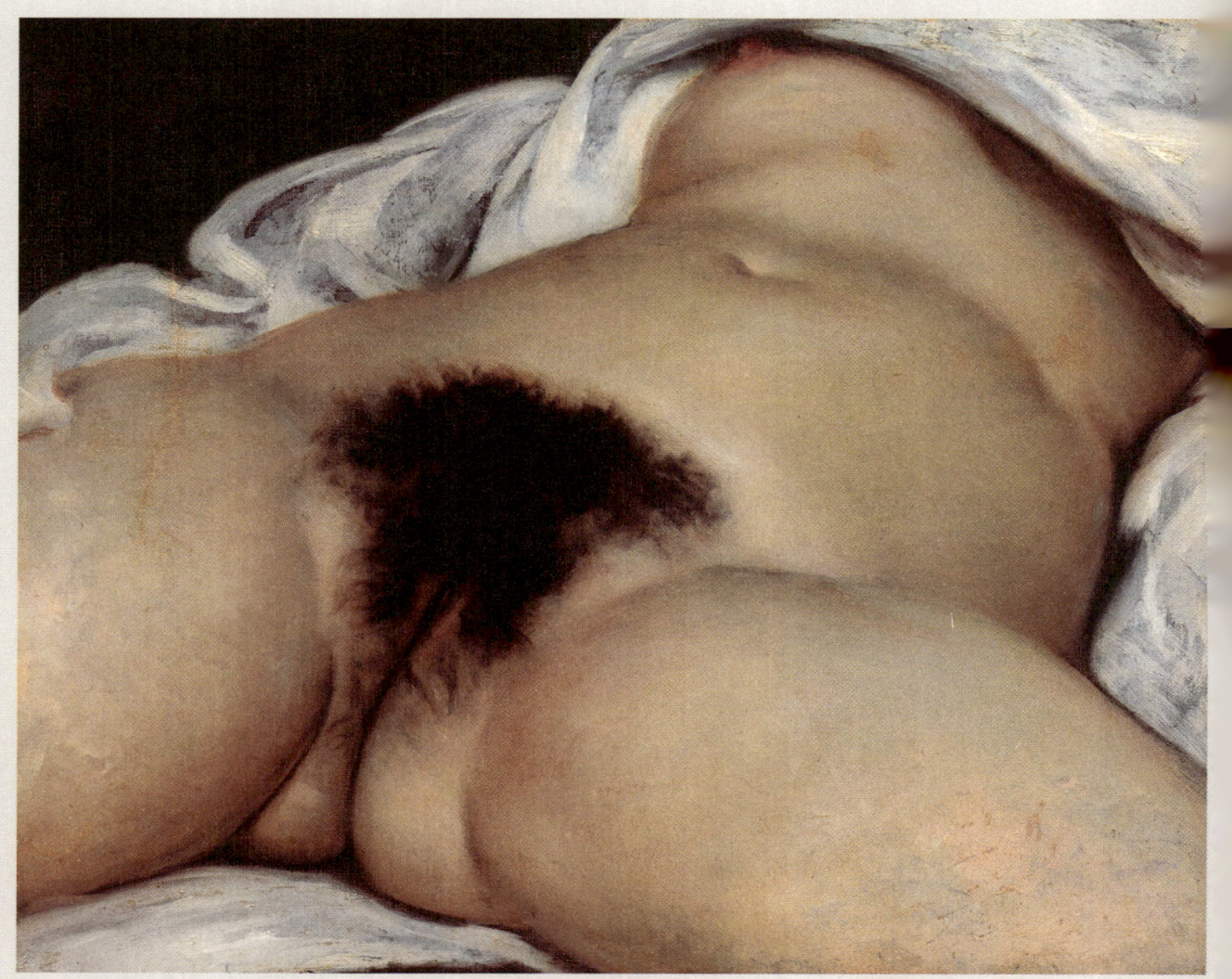

Gustave Courbet,
L'Origine du monde,
1866, huile sur toile,
Paris, musée d'Orsay.

leur nudité et l'angle frontal de la représentation – qui exhibe ce qu'on ne doit pas voir ou montrer – expliquent que ces toiles aient été mises en leur temps à l'abri des regards indiscrets. Elles passent pour figurer le « fruit défendu », l'objet du désir, ce qui renforce leur implication érotique. Et c'est justement l'association de la sexualité – que suggère notamment la nudité du sexe – et du caractère intouchable de la maternité qui constitue le tabou suprême et explique le scandale provoqué par ces œuvres en avance sur leur temps. Sans pousser aussi loin l'audace, la simple représentation dans les arts « nobles » du ventre d'une femme enceinte est jugée choquante car elle proclame trop ouvertement l'existence d'un rapport sexuel entre un homme et une femme. Elle vient polluer la représentation idéalisée d'une maternité pure et intouchable.

L'Origine du monde de Courbet (1866)

Cette huile sur toile est bien connue, de même que l'aura sulfureuse qui l'entoure. De dimensions modestes, elle montre les cuisses ouvertes d'une femme allongée sur le dos et dont le sexe est livré au regard du spectateur sans aucun artifice ni alibi historique ou mythologique. Un des spécialistes de cette œuvre, Thierry Savatier, a récemment avancé que la femme peinte

par Courbet pourrait être enceinte, en raison des invraisemblances anatomiques qu'elle présente, notamment une boursouflure sur la moitié gauche de l'abdomen. Si c'est le cas, la scène constituerait une double transgression : on y voit un sexe féminin et une femme enceinte nue.

La toile a été peinte en 1866, et Courbet a peut-être utilisé comme modèle une photographie érotique comme on en trouve beaucoup à l'époque. Le premier acquéreur de *L'Origine du monde* est un diplomate turco-égyptien, Khalil-Bey (1831-1879), amateur d'érotisme dénué de préjugés bourgeois. Jusqu'à son entrée au musée d'Orsay en 1995, ce tableau a toujours été dissimulé par ses différents propriétaires au moyen de caches, non seulement pour le dérober aux regards indiscrets, mais aussi pour mettre en scène son dévoilement devant un spectateur transformé en voyeur.

Le titre du tableau et l'absence de visage donnent à l'œuvre une portée symbolique et universelle. Il ne s'agit pas simplement d'une œuvre érotique ou d'une provocation du peintre : *L'Origine du monde* rappelle que nous venons tous d'un ventre féminin. En traitant ce sujet dérangeant, qui dévoile la « scène primitive de l'origine », sorte de *terra incognita* pour les hommes, il réalise un hymne à la femme et à son corps. Si la femme peinte par Courbet est bel et bien enceinte, le sens du tableau est plus riche encore et s'accorde parfaitement avec le titre : la femme porte en elle la vie et donc le monde. Thierry Savatier y voit même une possible représentation d'Ève, « éternel féminin, sexué autant que maternel ». La femme enceinte est donc ici non seulement porteuse de la vie, mais aussi à l'origine de l'humanité, à l'origine du monde.

Espoir I de Klimt (1903)

Plus tardif, *Espoir I* du peintre viennois Gustav Klimt met en lumière les tabous persistants de la grossesse dans l'art au tournant du XXe siècle en Europe. Profitant de la grossesse d'un de ses modèles, Klimt peint sa toile au cours de l'été 1903. Acheté en 1905 par Fritz Waerndorfer, *Espoir I* est exposé chez le collectionneur viennois, mais protégé des regards indiscrets par un volet fermé à clé.

Représentée grandeur nature, la femme enceinte est nue, debout et de profil. Sa position ne dissimule pas son sexe et fait même ressortir son ventre très proéminent, dont la courbe est encore renforcée par la minceur du modèle. La femme tourne la tête vers le spectateur et le dévisage. Sans être aguicheur, ce regard témoigne d'une absence de pudeur et de honte. Autre élément dérangeant, la couleur rousse de la chevelure et de la toison pubienne, scandaleuse en elle-même : le roux symbolise le feu, la passion, la luxure, il renvoie à la femme fatale. Ce qui choque justement dans ce tableau,

c'est l'association de l'image de la mère et de la femme séductrice et érotique. Les deux extrêmes de la féminité : la mère et la putain semblent se fondre en une. La femme représentée sur la toile n'est en effet pas qu'une figure sexuelle, une Ève tentatrice : elle incarne aussi un idéal de pureté. Malgré l'absence de références religieuses explicites, l'œuvre de Klimt – agnostique mais non athée – est traversée par la vision multiséculaire de la femme qui oscille entre Ève et Marie. La blancheur immaculée de son corps et son aspect tranquille contrastent avec les symboles morbides qui l'entourent. Forme noire griffue, crâne aux orbites creuses et visages féminins grimaçants évoquent pêle-mêle des allégories de la Mort, des Vices, ou les Parques, et symbolisent les forces hostiles dont la femme se détourne.

Le tableau est chargé d'un symbolisme riche qui n'a pas échappé à l'un des proches de Klimt :

« C'est la célèbre peinture, disons plutôt mal famée, de Klimt : l'*Espoir,* qui représente une jeune femme enceinte que l'artiste a osé peindre sans ses voiles. C'est un de ses chefs-d'œuvre, une création profondément émouvante. La jeune femme chemine, sereine, dans la sainteté de son état. Des masques immondes et grimaçants, d'une lubricité blasphématoire, se pressent vers

>
Gustav Klimt,
Espoir I,
1903, huile sur toile,
Ottawa, musée des Beaux-Arts
du Canada.

Gustav Klimt,
Espoir II,
1907-1908, huile sur toile,
New York, Museum of
Modern Art (MoMA).

elle ; les démons de la vie... mais ces tentations ne la troublent pas. Elle s'avance dans la voie des horreurs, incorruptible et pure, grâce à l'Espoir qu'elle porte dans son sein » (Ludwig Hevesi, *Das Haus Waerndorfer,* 1905).

Dans *Espoir I*, Klimt cherche à exprimer la force de la vie et la « sainteté auguste » de la gestation. La vie prénatale, au-delà de la différence sexuée, est pour lui un état d'innocence et d'harmonie. Le titre même révèle l'espérance contenue dans la grossesse : la femme porte un être neuf, pur de toute corruption, ce qui rend son état sacré. Mais par les figures menaçantes ajoutées sur la toile, Klimt montre que la vie est menacée par la maladie, le vice, la misère et la mort. Malgré l'apparente banalité de ces idées, leur représentation dans *Espoir I*, sous la forme d'une femme enceinte qui associe connotations érotiques et morbides, est profondément originale et choquante pour l'époque. Ce tableau est en effet l'un de ceux de l'œuvre de Klimt qui ont le plus suscité de controverses.

Plus tard dans sa carrière, Klimt revient sur le motif de la femme enceinte, notamment dans *Espoir II* (1907-1908), mais de manière moins transgressive. Le thème de la maternité est récurrent dans les toiles et les dessins de l'artiste, de même que l'idée du cycle vital qui intègre la mort et la vie, comme dans *Les Trois Âges de la femme* (1905) ou *La Vie et la mort* (1916).

Vers un ventre exhibé

(XXᵉ-XXIᵉ SIÈCLE)

Dans les années
qui suivent la création de Klimt *Espoir I* (1903),
des artistes appartenant principalement
aux avant-gardes de l'Europe centrale
s'affranchissent des tabous qui limitaient
jusqu'alors la représentation des femmes enceintes.
Mais hors du monde de l'art, la grossesse
reste discrète dans le champ social.
Ce n'est qu'à partir des profondes transformations
de la société dans les années 1960-1970 que l'image
de la grossesse commence à changer.
Devenue plus rare, choisie et moins dangereuse,
la grossesse est dorénavant majoritairement perçue
comme un moment privilégié de la vie
d'une femme : fières de leur ventre rond,
les femmes enceintes se montrent volontiers
dans l'espace public. Les images de grossesse
tiennent désormais une place importante
dans la culture visuelle contemporaine.

>
Louise Bourgeois,
Fragile Goddess (Déesse fragile),
1970, bronze, New York, Courtesy
Cheim & Read and Hauser & Wirth.

Une représentation renouvelée de la grossesse
DANS L'ART DE LA PREMIÈRE MOITIÉ DU XXᵉ SIÈCLE

Les images de femmes enceintes se banalisent dans l'art à la charnière des XIXᵉ et XXᵉ siècles. Des différences dans la représentation s'observent toutefois selon le sexe de l'artiste.

L'intérêt nouveau de quelques artistes masculins

Au XXᵉ siècle, les femmes enceintes sont désormais plus volontiers représentées par les artistes masculins que par le passé, le sujet pouvant être occasionnel ou récurrent dans leur œuvre et sa signification variée. Certains portraits ont un caractère autobiographique, d'autres ont des connotations érotiques, d'autres encore vantent le pouvoir procréateur féminin. Les artistes n'hésitent plus à montrer les femmes enceintes nues dans des situations peu valorisantes. On ne cherche plus nécessairement à glorifier la maternité, comme en témoignent par exemple les œuvres d'Egon Schiele (*Nu rouge, femme enceinte*, 1910) ou d'Otto Dix (*Femme enceinte*, 1931). Egon Schiele s'intéresse beaucoup au corps humain, notamment à celui des femmes, qu'il représente souvent nues. Bafouant les critères de beauté académiques, il se plaît à les figurer sans aucun fond ni accessoire, dans des postures souvent insolites. Il cercle les corps d'une ligne noire et colore après coup certaines parties, ce qui accentue leur étrangeté. Dans une œuvre où dominent les anatomies anguleuses, désarticulées et androgynes, la présence de femmes en état avancé de grossesse peut surprendre. C'est son ami gynécologue Erwin von Graff qui lui permet, en 1910-1911, de prendre pour modèles des femmes enceintes fréquentant son service. Schiele en tire de nombreux dessins d'un réalisme cruel dont émane une grande solitude. Ces œuvres ont également souvent un caractère morbide. Egon Schiele

^ PAGE 176

Egon Schiele, *Nu rouge* (détail), 1910, aquarelle et crayon noir, collection particulière.

>

Marc Chagall, *Maternité,* 1912-1913, huile sur toile, Amsterdam, Stedelijk Museum.

Chagall est un peintre juif d'origine russe, émigré à Paris en 1910. *Maternité,* comme d'autres toiles de l'artiste, s'inscrit dans la tradition de l'art populaire russe. Dans un paysage rural d'où se détachent des isbas, une femme monumentale, vêtue de manière traditionnelle, désigne du doigt l'enfant qu'elle porte. Celui-ci est visible par « transparence », comme dans les vierges enceintes du Moyen Âge. Ce type de représentation rappelle aussi les matriochkas, ces fameuses poupées qui s'emboîtent les unes dans les autres et qui constituent un symbole de maternité et de fertilité très populaire en Russie depuis le XIXᵉ siècle.

consacre d'ailleurs à cette époque plusieurs toiles au thème de la « Mère morte », imaginant le sort dramatique du fœtus prisonnier de sa mère décédée.

Création et procréation: les artistes féminines et la représentation de la grossesse

La nouveauté, à partir du XXe siècle, tient surtout à la représentation de la grossesse par des femmes. La carrière d'artiste et le rôle de mère ont longtemps paru inconciliables. On a d'ailleurs souvent opposé création masculine et procréation féminine, les femmes ayant la réputation de ne pouvoir être créatrices puisqu'elles mettent des enfants au monde. Elles sont toutefois plus nombreuses à investir le champ artistique à partir du XIXe siècle, mais se conforment en général aux valeurs et aux normes artistiques de leur époque. La grossesse, même s'il s'agit d'une expérience constitutive de la féminité, n'a pas été considérée par ces artistes féminines comme un sujet digne de

l'art avant le début du XXe siècle, à l'exception timide de Berthe Morisot. Seuls l'allaitement et le maternage du petit enfant ont donné lieu à de multiples représentations, souvent idéalisées et convenues.

Dès les premières décennies du XXe siècle, en Amérique et en Europe, des femmes font de l'expérience corporelle de la maternité, même dans ce qu'elle peut avoir de tragique (fausse couche, avortement), un sujet de création artistique. Ces artistes jettent un regard renouvelé sur les femmes enceintes qui les entourent, comme Käthe Kollwitz et Paula Modersohn-Becker, ou se nourrissent de leur expérience personnelle de la maternité pour représenter la grossesse, comme Frida Kahlo. Leurs œuvres n'ont toutefois pas uniquement vocation à rendre compte de manière réaliste de cet état. Elles témoignent aussi souvent d'une seconde naissance, plus symbolique, de ces femmes en tant qu'artistes.

Paula Modersohn-Becker (1876-1907) est une artiste allemande précurseur de l'expressionnisme, dont on redécouvre aujourd'hui l'importance, sa notoriété ayant longtemps [...]

Le thème de la grossesse est récurrent dans l'œuvre de Picasso. Il est toutefois abordé de manière très variée et sur des supports différents tout au long de sa carrière. Certaines toiles montrent les compagnes de l'artiste pendant leurs grossesses, Picasso s'investissant beaucoup dans sa paternité. D'autres œuvres, notamment les sculptures, ont une portée plus symbolique. Plusieurs d'entre elles représentent des femmes enceintes de manière très stylisée avec un ventre proéminent et sont dédiées à la fécondité féminine, quelques-unes s'apparentant d'ailleurs aux idoles africaines vouées à la fertilité. Françoise Gilot, avec qui Picasso eut deux enfants à la fin des années 1940 (Claude et Paloma), raconte que l'artiste désirait un troisième enfant, ce qu'elle ne souhaitait pas. Picasso entreprend alors de réaliser *La Femme enceinte*, en 1950-1959, comme une sorte de totem pour qu'elle tombe encore enceinte. Sans succès...

<

Pablo Picasso,
La Femme enceinte,
1950-1959, bronze,
Dallas, Raymond
and Patsy Nasher Collection.

En février 1906, Paula Modersohn-Becker rompt avec son mari
et se rend à Paris pour suivre sa propre voie artistique. Le tableau
Autoportrait au sixième anniversaire de mariage a été peint lors de ce séjour parisien.
Il est révolutionnaire, car il s'agit du premier autoportrait féminin nu connu
dans l'art moderne occidental, qui plus est celui d'une femme enceinte. Probablement
influencée par un autoportrait nu de Dürer (1521), l'artiste se représente dénudée
jusqu'au ventre, seulement parée d'un collier d'ambre. Les bras enserrent un ventre
arrondi, le regard fixe le spectateur. À la différence de Klimt dans *Espoir I,* la nudité
n'a ici rien d'érotique. Pour Paula Modersohn-Becker, la recherche d'identité passe
par le corps et elle ne dissimule pas le ventre, ce qui est nouveau, car il incarne
son double potentiel créatif, en tant que femme et peintre.

Le premier paradoxe du tableau est que l'artiste n'est alors pas en état de grossesse.
Autre paradoxe, l'artiste a gravé sur la toile « Je l'ai peint à 30 ans au sixième
anniversaire de mon mariage P.B. », signant des initiales de Paula Becker, son nom
de jeune fille, ce qui semble contredire ce qui précède. Cette œuvre illustre
les ambivalences de Paula Modersohn-Becker face à l'identité d'épouse et mère
et celle d'artiste. Sa correspondance témoigne de son envie de maternité, mais
elle souhaite aussi se construire et s'affirmer individuellement en tant que peintre
-les deux ne lui semblant pas facilement conciliables. Ces contradictions
se manifesteraient également dans la représentation des mains de l'artiste.
Selon Michel Itty, « la main gauche est ouverte et semble prête à recueillir le fruit
futur des entrailles, mais la main droite, celle qui peint, n'est ni fermée ni ouverte,
elle n'a simplement plus de doigts. (...) L'autoportrait où la main du peintre n'a plus
que des moignons semble déclarer, si tu enfantes tu ne peindras pas ».

Quelques mois après avoir peint cette toile, les difficultés financières et les pressions
de son entourage finissent par la faire céder: « Mon souhait était de ne pas avoir
d'enfant sur ce socle mal assuré, cela me peine de devoir l'écrire (...) mais viens
et essayons de nous retrouver », écrit-elle à son mari en septembre 1906.
Rapidement rejointe par Otto Modersohn à Paris, elle tombe enceinte et rentre
en Allemagne en mars 1907. Le 2 novembre 1907, elle donne le jour à une petite fille
après un accouchement très difficile. Le 20 novembre, quand elle reçoit enfin
du médecin l'autorisation de se lever, elle décède brutalement d'une embolie
pulmonaire, à l'âge de trente et un ans.

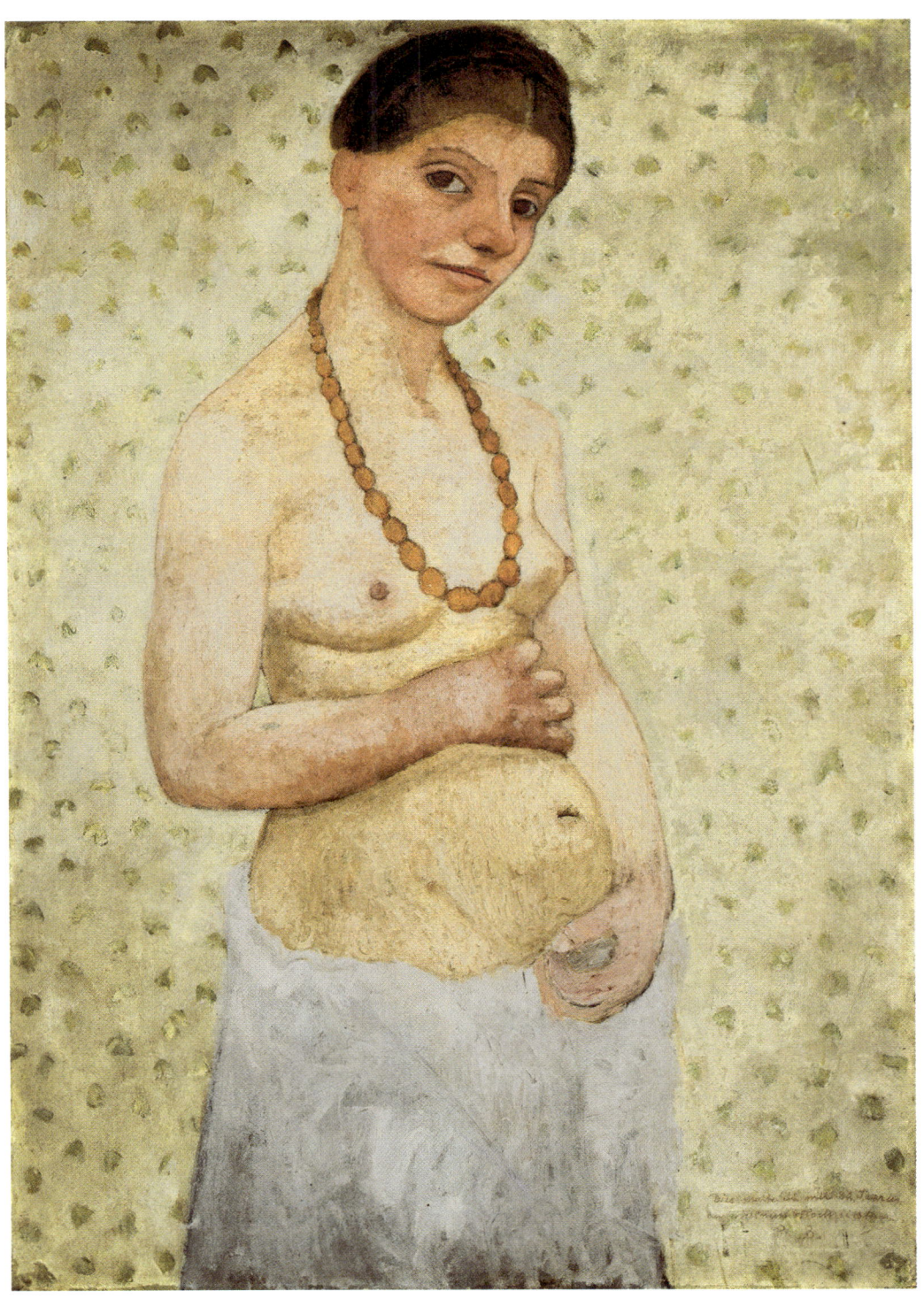

Paula Modersohn-Becker,
Autoportrait au sixième anniversaire de mariage,
25 mai 1906, huile et tempera sur carton,
Brême, Paula Modersohn-Becker Museum.

[...] été limitée aux pays germanophones. Après des études de peinture à Berlin, elle s'installe à Worpswede, au nord de l'Allemagne, où est établie une colonie d'artistes indépendants, et épouse en 1901 un peintre mineur, Otto Modersohn. Attirée par l'art moderne, elle fait des séjours réguliers à Paris, foyer des avant-gardes artistiques européennes, ce que son mari peine à comprendre. Sa peinture qui mêle tradition et modernité est au carrefour d'influences variées (de Cézanne au fauvisme en passant par l'art japonais). Son œuvre, forte de plus de sept cents peintures et de milliers de dessins, comporte des natures mortes, des autoportraits et de nombreuses toiles sur le thème de la maternité et des enfants, mais traités sans mièvrerie et avec une puissance corporelle inédite. Elle est une des premières à représenter des femmes enceintes, notamment des paysannes des campagnes du nord de l'Allemagne. Ses toiles sont révélatrices des enjeux qui lient procréation et création pour les artistes féminines.

L'artiste mexicaine Frida Kahlo (1907-1954) offre un exemple particulièrement éclairant de vécu tragique de la grossesse, qui influe profondément sur toute son œuvre. Victime en 1925 d'un accident de la circulation, elle est gravement blessée, son bassin et sa colonne vertébrale sont fracturés. Elle épouse en 1931 le peintre mexicain Diego Rivera, dont elle tombe enceinte en 1932. Ne souhaitant pas garder l'enfant, elle tente sans succès d'avorter, puis se résout à poursuivre sa grossesse malgré bien des hésitations. Le 4 juillet 1932, elle fait une fausse couche traumatisante et frôle la mort. Hospitalisée à Detroit, elle réalise un dessin relatant son expérience malheureuse, qui constitue l'ébauche de sa toile *Henry Ford Hospital*. Rentrée au Mexique, elle voit sa mère mourir le 15 septembre 1932. Ces événements personnels la mettent brutalement en contact avec la vie, la mort, la maternité, et conduisent l'artiste à s'intéresser de très près aux fonctions corporelles, quitte à transgresser les interdits et à utiliser son vécu féminin pour nourrir sa création.

Dans *Henry Ford Hospital*, Frida Kahlo ne se limite pas à illustrer sa fausse couche : cette œuvre a une portée plus large, car elle s'inscrit dans le contexte social et culturel mexicain. Elle représente Frida allongée et nue sur son lit de l'hôpital Henry Ford, la silhouette de la ville de Detroit apparaissant en arrière-plan. Le drap est taché de sang, et Frida tient dans la main cinq fils rouges auxquels sont attachés des éléments symboliques liés à sa fausse couche : un escargot, une orchidée, les os d'un bassin, un abdomen féminin inspiré d'une planche médicale, le fœtus qu'elle a

Frida Kahlo,
Henry Ford Hospital,
1932, huile sur panneau de métal,
Mexico, Museo Dolores Olmedo.

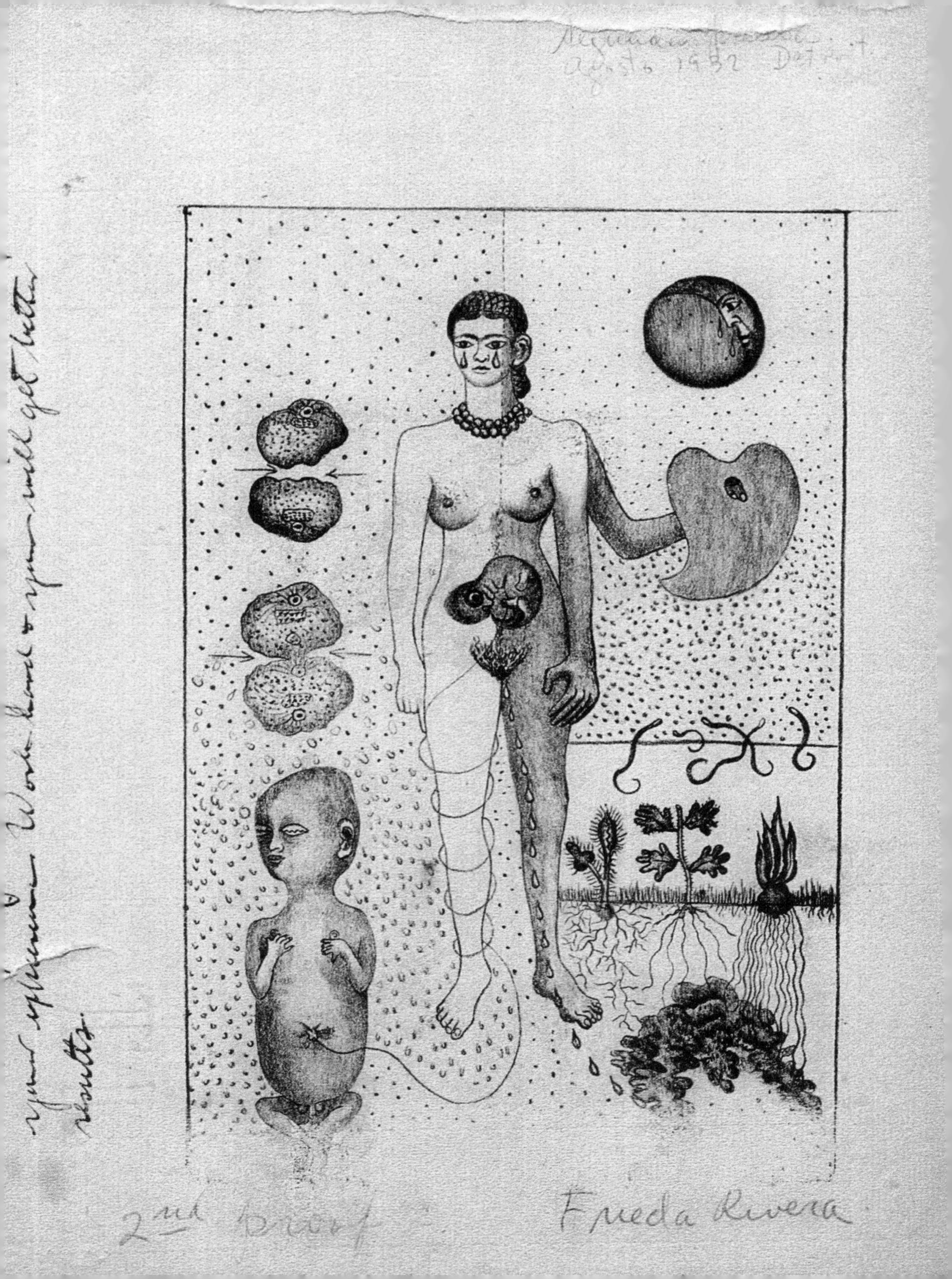

Agosto 1932 Detroit

your afternoon. I do hope to you will get better results.

2nd Proof

Frieda Rivera

perdu et un autoclave utilisé pour stériliser les ustensiles médicaux symbolisant sa propre stérilité. Ces liens témoignent de sa difficulté à « lâcher » cet enfant et de ce « vide » qui suit la fausse couche.

Ce tableau balaye nombre de tabous et tranche avec les représentations souvent idéalisées de la maternité. Au lieu d'accoucher d'un bel enfant, Frida donne à voir pour la première fois le sang utérin. Elle se représente les cheveux détachés, versant une grosse larme, ce qui renvoie à un personnage de la culture mexicaine, la Llorona (la pleureuse). Symbole de la sexualité incontrôlée, de la mauvaise mère et de la folie, la Llorona est aussi une femme qui, à cause de la trahison d'un homme, perd l'esprit et noie ses fils ; puis vient le temps de l'expiation, au cours duquel cette femme gémissante erre à la recherche de l'âme de ses trois enfants. La Llorona incarne généralement la Mort, et comme la faucheuse dans nos campagnes, ses gémissements annoncent une mort prochaine. Cette œuvre montre Frida Kahlo ne parvenant pas à jouer le rôle d'épouse et de mère que l'on attend d'une femme dans la société mexicaine : prise entre sentiment de culpabilité et quête d'identité, l'artiste cherche sa place.

Par la suite, Frida Kahlo évoquera dans d'autres toiles le thème de la maternité. Dans un tableau de 1932 intitulé *Ma naissance*, elle montre de manière frontale un sexe de femme accouchant, brisant les tabous très profonds qui entourent le sexe féminin, le sang utérin et la maternité. Elle tentera à plusieurs reprises d'avoir un enfant, mais ses grossesses se sont toutes soldées par des échecs en raison des séquelles de son accident de jeunesse. Cette frustration se lit dans diverses œuvres de l'artiste.

La lithographie réalisée en août 1932 montre que le traumatisme de la fausse couche est en voie d'être surmonté. Frida se représente debout et offre désormais une image d'elle-même plus ordonnée et moins pessimiste. La partie gauche du dessin montre la promesse de maternité non accomplie. Elle représente des divisions cellulaires et un fœtus masculin de trois mois (date de la fausse couche), à relier au fœtus présent dans l'utérus de Frida (âgé de cinq semaines, comme lors de sa tentative d'avortement). Les larmes de la Lune (en haut à droite), symbole du cycle féminin, et de Frida montrent la tristesse que suscite cette infécondité. À droite, le sang vaginal de Frida, qui coule désormais régulièrement, nourrit des organismes souterrains, des plantes et des sortes de vers. Elle contribue ainsi à la fertilité et à la régénération de la terre. Frida se représente aussi avec un troisième bras qui tient une palette, ce qui montre qu'elle se perçoit comme une artiste. Si elle échoue à procréer, Frida se montre donc féconde dans d'autres domaines, notamment celui de l'art.

<

Frida Kahlo,
Frida y el aborto ou El aborto,
(détail), 1932, lithographie,
Mexico, Museo Dolores Olmedo.

L'image des femmes enceintes dans la société :
ENTRE INERTIE ET ÉVOLUTION
(PREMIÈRE MOITIÉ DU XXᵉ SIÈCLE)

Si les artistes renouvellent l'image de la grossesse dans leurs œuvres dès les premières décennies du XXᵉ siècle, l'image des femmes enceintes évolue tardivement dans la société. Jusque dans les années 1950, la maternité reste un fondement essentiel de l'identité féminine, mais la grossesse demeure perçue de manière assez négative.

L'enjeu de la maternité dans les années 1900-1930

Au début du XXᵉ siècle en France, les mères n'ont guère de droits (ni autorité parentale, ni droits politiques, ni même droits civils pour les épouses), et la protection de la maternité y est peu avancée en comparaison d'autres États européens. Il faut ainsi attendre les lois Engerand (1909) puis Strauss (1913) pour que soit institué un congé de maternité encore très limité (quatre semaines après la naissance de l'enfant et peu d'indemnités). Si certains

mouvements féministes revendiquent la « libre maternité » (c'est-à-dire la maternité consciente et choisie), la plupart cherchent surtout à obtenir des droits nouveaux pour les femmes en s'appuyant sur la maternité, vue comme une « fonction sociale » de première importance. L'heure n'est pas encore à la mise en cause de la maternité.

Pendant l'entre-deux-guerres, la condition féminine progresse timidement. Les couples français deviennent de plus en plus malthusiens, suivant en cela les préceptes de Thomas Malthus, un pasteur anglais (1766-1834) qui prônait la limitation des naissances. Cependant, la maternité n'est pas encore reconnue comme relevant d'un choix : elle reste une obligation identitaire pour les femmes qui ont, plus que jamais, le devoir d'être mère et de donner des enfants à la patrie. La maternité devient d'ailleurs une véritable obsession sociale ainsi qu'un enjeu politique, [...]

Cette photographie de l'écrivain Francis Scott Fitzgerald et de son épouse Zelda, alors enceinte de leur premier enfant, en 1921, montre que l'allègement des contraintes vestimentaires concerne aussi les femmes enceintes dans les années 1920, aux États-Unis comme en Europe : abandon du corset, raccourcissement des jupes, mode « à la garçonne »... En effet, le rôle joué par les femmes pendant la Grande Guerre a pu être une source d'émancipation féminine, à commencer par le droit de vote accordé dans plusieurs pays d'Europe à la fin du conflit. Néanmoins, un retour à l'ordre s'opère alors dans la distribution des rôles sexués, et la femme doit reprendre sa mission d'épouse et de mère au sein du couple. Ce repli est encore plus sensible dans des pays autoritaires comme l'Italie fasciste et l'Allemagne nazie, où la femme est réduite à son rôle de procréatrice.

> Portrait de Francis Scott Fitzgerald et de Zelda, son épouse, 1921, photographie.

« Quel est le grand devoir de la femme? Enfanter, encore enfanter;
toujours enfanter! Que la femme se refuse à la maternité, qu'elle la limite,
qu'elle la supprime, et la femme ne mérite plus ses droits, elle n'est plus rien…
Volontairement stérile, elle retombe au rang de la prostituée, de la fille
de joie dont les organes ne sont que des instruments, des jouets obscènes,
au lieu de rester le moule auguste, vénérable, de tous les siècles futurs. »

Dr Jacques-Amédée Doléris et Jean Bouscatel, *Hygiène et morale sociales.*
Néomalthusianisme, maternité et féminisme, éducation sexuelle, 1918.

« Sans enfants [une femme] est un corps incomplet, une âme inassouvie.
Grâce à l'amplification de soi qu'est l'enfant, la mère atteint son plein
développement, élargit son activité, améliore sa santé. »

Dr André Cauchois, *La Vie en fleur,* 1943.

Entre les deux guerres, la France se sent à la fois menacée
par ses voisins, en premier lieu l'Allemagne, et par la dénatalité.
Au nom de la défense de la patrie et de la race, les mouvements
anti-malthusiens multiplient les campagnes de propagande nataliste.
Que ce soit par le biais de livres, de tracts, d'affiches ou même de timbres,
ils véhiculent une image traditionnelle de la féminité et confortent les femmes
dans leur rôle maternel. L'idéal de la femme au foyer, qui s'occupe de
ses enfants, s'impose. La maternité n'est pas seulement présentée comme
un devoir, mais aussi comme le bien suprême et le bonheur ultime pour
une femme, voire comme une nécessité physiologique. La grossesse
et l'allaitement sont en effet vantés comme source de santé et de beauté.
Les images illustrant ces campagnes reprennent de tels stéréotypes.
Comme il n'est alors guère décent de montrer une femme enceinte
pour vanter la fécondité féminine, on voit beaucoup de femmes entourées
de leur nombreuse progéniture, allaitantes ou penchées sur un berceau.
Certaines images font plus clairement appel au patriotisme, notamment
celles qui représentent Marianne faisant pousser des enfants dans des choux
ou des roses. Mais les lois répressives, les mesures incitatives et les campagnes
pour relancer la natalité n'ont guère d'effets. Jusqu'au début des années 1940,
la natalité française reste basse (2,16 enfants par femme en moyenne
vers 1935) et les avortements clandestins se multiplient.

Couverture de la brochure
de L'Alliance nationale
contre la dépopulation,
Paris, 1939.

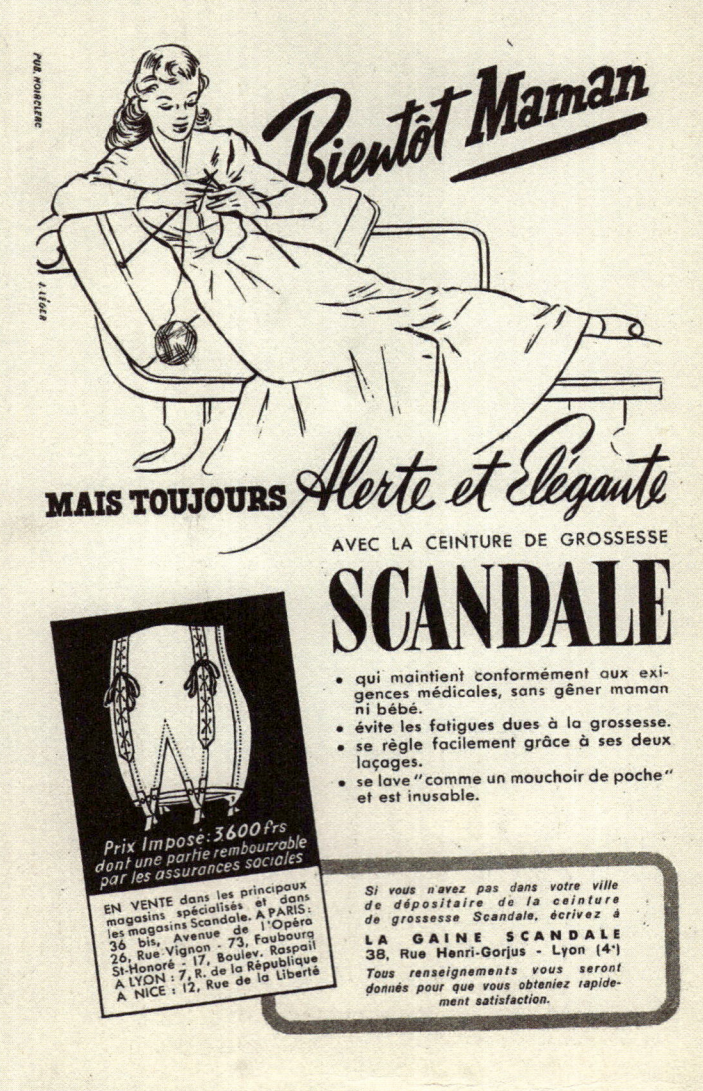

PUB. HONGLERC

L. LÉGER

Bientôt Maman

MAIS TOUJOURS *Alerte et Élégante*

AVEC LA CEINTURE DE GROSSESSE

SCANDALE

- qui maintient conformément aux exigences médicales, sans gêner maman ni bébé.
- évite les fatigues dues à la grossesse.
- se règle facilement grâce à ses deux laçages.
- se lave "comme un mouchoir de poche" et est inusable.

Prix Imposé: 3600 frs
dont une partie remboursable
par les assurances sociales

EN VENTE dans les principaux magasins spécialisés et dans les magasins Scandale. A PARIS : 36 bis, Avenue de l'Opéra 26, Rue Vignon - 73, Faubourg St-Honoré - 17, Boulev. Raspail A LYON : 7, R. de la République A NICE : 12, Rue de la Liberté

Si vous n'avez pas dans votre ville de dépositaire de la ceinture de grossesse Scandale, écrivez à **LA GAINE SCANDALE** 38, Rue Henri-Gorjus - Lyon (4ᵉ) *Tous renseignements vous seront donnés pour que vous obteniez rapidement satisfaction.*

^

Publicité pour la ceinture de grossesse de la marque Scandale, dessin de A. Léger, dans Pr Pierre Lereboullet (dir.), *Le Guide de la jeune mère*, 1947, huitième édition.

De la fin du XIXᵉ siècle à la fin des années 1950, rares sont les dessins ou les photographies de mode pour femmes enceintes qui figurent explicitement des modèles en état de grossesse. Quand c'est le cas, certaines femmes se voient affublées d'un mouchoir sur la tête ou d'un système de cache pour qu'on ne puisse pas les reconnaître, tant ce type de pose est jugé attentatoire à la pudeur.

Si le corset n'est plus de mise pendant la grossesse, il est d'usage, jusqu'aux années 1960, de porter une gaine, en principe pour soutenir le ventre. Les publicités qui vantent ces gaines promettent surtout « d'alléger » la grossesse ou de maintenir une ligne « alerte et élégante » : l'impératif de la silhouette fine continue de s'imposer, même quand on attend un enfant.

[...] car l'hécatombe de la Première Guerre mondiale et la chute de la natalité font craindre pour l'avenir de la France. La maternité bascule donc progressivement dans la sphère publique alors que se développe l'État providence. Une politique familiale et nataliste est mise en œuvre, qui favorise une plus grande protection des mères et les aides aux familles nombreuses. Elle s'accompagne aussi d'une répression grandissante des comportements malthusiens, comme en témoignent les lois de 1920 et 1923 qui interdisent et répriment l'avortement, la contraception et toute propagande anticonceptionnelle. Cette tendance s'accentue avec le code de la famille en 1939 et le régime de Vichy, qui fait de l'avortement un crime d'État.

Une grossesse
qui doit rester discrète

Si la maternité devient un enjeu politique et social, et si certains artistes s'autorisent une représentation plus libre des femmes enceintes, cela n'a guère de conséquences immédiates sur le vécu de la majorité des femmes. Le sexe reste tabou et le corps ne se montre guère. Ainsi, dans les milieux ruraux, la grossesse reste jusque dans l'après-guerre un temps d'attente pendant lequel il ne faut pas se faire remarquer ni attirer l'attention sur soi. La dissimulation du ventre dans l'espace public et les images est encore de mise.

La femme enceinte est largement considérée comme un être faible et fragile, dont la grossesse doit être encadrée par les praticiens médicaux.

De plus en plus de conseils sont délivrés en ce sens par des guides pour les futures mères, qui se multiplient dès la fin du XIXe siècle. Ces publications les invitent à rester au foyer et à mener une vie réglée, totalement dévouée à leur famille et à l'enfant qu'elles portent. Si la plupart des auteurs sont des médecins, quelques femmes remportent un grand succès d'édition avec des ouvrages qui préfigurent ceux, bien connus, de Laurence Pernoud. Ces manuels écrits « par des femmes et pour des femmes » tiennent davantage compte des préoccupations féminines, notamment liées aux changements corporels induits par la grossesse. Alors que les médecins n'y consacrent

Couverture de l'ouvrage de Laurence Pernoud, *J'attends un enfant*, Paris, Horay, 1956, première édition.

que quelques lignes justifiées par des préoccupations avant tout hygiéniques, les auteurs femmes prennent davantage en compte la dimension esthétique. Ainsi, *La Femme, la mère, l'enfant, guide à l'usage des jeunes mères,* écrit par Augusta Moll-Weiss (première édition en 1897), commence par un paragraphe intitulé « Maternité et beauté » : « Beaucoup de femmes ne voient dans la maternité qu'une maladie, une gêne, une déformation, elles croient qu'il n'est pas possible de devenir mère en restant belle, et c'est là qu'est leur erreur : si, pour beaucoup de femmes, la maternité est une déchéance esthétique, c'est qu'elles sont mal soignées (...). Ne devons-nous pas tout faire pour nous défendre contre l'enlaidissement ? Mais pour cela, il faut savoir, car beaucoup de médecins et de sages-femmes négligent absolument d'indiquer les précautions très simples grâces auxquelles les femmes conserveraient leur beauté. »

En réalité, la conservation de la beauté pendant la grossesse ne consiste pas à valoriser les nouvelles rondeurs, mais plutôt à les dissimuler le plus longtemps possible et à préserver la silhouette féminine de déformations trop visibles : « Pour ce qui est des corsages, adopte de préférence des jaquettes avec un devant ample, et, dans les derniers temps, cache-toi sous une mante » (Augusta Moll-Weiss, *La Femme, la mère, l'enfant, guide à l'usage des jeunes mères,* 1917, p. 22-23).

Être enceinte au temps du baby-boom

Bénéficiant à partir de 1944 de droits politiques et sociaux nouveaux, les femmes françaises desserrent la discipline malthusienne de l'entre-deux-guerres et font davantage d'enfants (867 000 naissances par an à la fin des années 1940, soit trois enfants en moyenne par femme). Ce phénomène de « baby-boom », favorisé par une politique nataliste de l'État français, n'opère cependant pas un retour au passé et la restriction volontaire des naissances reste une réalité. Si la maternité est intégrée désormais dans le concept de citoyenneté féminine, les représentations de la grossesse n'évoluent guère dans les deux décennies d'après-guerre.

Le baby-boom et l'essor de la société de consommation conduisent néanmoins au développement d'une mode pour les femmes enceintes en Europe à partir des années 1950, suivant une tendance venue des États-Unis.

Charming Camouflage for Mothers to Be

STYLE 1404
PRINTED COTTON
Sizes 10 - 20
Value Priced
$3.98

Style 1404 comes in
Pink

Style 1404 comes in
Blue

Please See Other Side

STYLE 1405
WAFFLE PIQUE
Sizes 10 - 20
Value Priced
$4.98

Style 1405 comes in
Lilac

Style 1405 comes in
Aqua

STYLE 1403
TWO-PIECE
COTTON PRINT
Sizes 10 - 20
Value Priced
$4.49

Style 1403 comes in
Navy Blue

Style 1403 comes in
Green

Fashion Frocks

^
*« Charming Camouflage
for Mothers to Be »,*
page d'un livre de modèles
avec échantillons de tissus,
États-Unis, vers 1940.

Que ce soit dans les magazines ou dans les guides destinés
aux futures mères, la mise en valeur du corps des femmes enceintes
n'est pas de mise jusqu'aux années 1960. La maternité est idéalisée,
mais la femme enceinte ne correspond pas aux canons de la beauté
féminine, associée à la minceur. La grossesse est encore considérée
comme un état dérangeant, malséant et disgracieux. Pourtant,
les conseils se multiplient (alimentation, sport, beauté...): aucun
laisser-aller n'est plus permis, la femme enceinte doit rester présentable
le plus longtemps possible. Ces injonctions conduisent à dissimuler,
par tous les subterfuges possibles, la rondeur du ventre.

« Une femme enceinte qui porte bien est à l'apogée
de sa beauté pendant les deux premiers tiers de sa grossesse,
à condition qu'elle n'exhibe pas celle-ci (...) se dandiner,
ventre en proue, dès les premiers mois, marcher les pieds
en dehors et s'affubler de marinière ostensible, est tout aussi
dangereux, et, de plus, ridicule et inconvenant. Votre mari,
vos parents, vos amis, vos collègues de travail, vous trouveront
d'autant plus charmante et sympathique que vous n'aurez pas
l'air d'être l'unique femme enceinte au monde. Plus vous ferez
oublier votre état, et plus vous serez estimée, aimée et
entourée. Mettez votre point d'honneur à ce qu'on ne se doute
pas de votre état jusqu'à une date très avancée. »

Dr Dugast Rouillé, *Grossesse sans trouble, maternité heureuse,
un beau bébé. Guide pratique de la femme enceinte,* 1956.

« Dès que votre grossesse sera vraiment visible, c'est-à-dire
vers le quatrième mois, abandonnez les robes qui vous serrent,
les chandails qui vous moulent, même si vous les supportez
encore. Vous commettriez sinon l'erreur de certaines femmes
fortes qui portent des robes serrées pour paraître plus minces.
Ces robes, en moulant leurs formes généreuses, les soulignent.
Une silhouette peut être transformée par les lignes
et par les couleurs. C'est en les combinant habilement
que vous arriverez à tromper l'œil. Les lignes: une jupe ample
alourdit, une jupe droite affine et allonge. »

Laurence Pernoud, *J'attends un enfant,* 1956, première édition.

^
Boutique de vêtements de maternité,
États-Unis, [années 1940-1950],
Time & Life Pictures.

La valorisation croissante de la grossesse
DEPUIS LES ANNÉES 1960

L'évolution générale des mœurs dans les sociétés occidentales incite à valoriser la grossesse à partir des années 1960-1970.

Des grossesses plus rares et choisies

Le changement de société, accompagné de la diminution de la pratique religieuse et de la levée des tabous concernant la maternité, la sexualité et le corps, fait évoluer le vécu et la représentation de la grossesse de manière considérable. Les femmes acquièrent une meilleure connaissance de leur corps, de leur sexualité et de la reproduction : si, au début des années 1960, certaines jeunes mariées méconnaissent le processus de la procréation, cette ignorance n'est plus de mise dans la décennie suivante. L'État prend les choses en main en créant le Conseil supérieur de l'information sexuelle, de la régulation des naissances et de l'éducation familiale (1973), impulsant l'éducation à la sexualité en milieu scolaire. La sexualité devient plus libre, elle ne se pratique plus exclusivement dans le cadre du mariage ni selon une visée reproductive.

L'acquisition de nouveaux droits par les femmes, notamment sur leur corps et leur fécondité, transforme radicalement la perception de la grossesse. L'autorisation de la contraception en France par la loi Neuwirth en 1967, puis la légalisation de l'avortement par la loi Veil en 1975 bouleversent le rapport des femmes à leur fécondité : la maternité n'est plus un passage obligé pour les femmes, qui se voient reconnaître le droit de s'épanouir autrement. D'un état subi et maintes fois répété au cours de la vie féconde, la grossesse devient une expérience plus rare et choisie.

Bien davantage que par le passé, l'enfant est le fruit du désir des futurs parents, qui choisissent le moment de sa conception, celui-ci |...|

> Mia Farrow enceinte sur le tournage de *Rosemary's Baby,* film de Roman Polanski (1968), août 1967.

Si la mode pour femmes enceintes privilégie encore dans les années 1960 les vêtements lâches et confortables, certaines photographies représentent désormais des femmes visiblement enceintes. Des créateurs, tel Pierre Cardin, conçoivent des modèles pour femmes enceintes. Dans les années 1970, les couleurs se font vives, les robes courtes. Les photographies de mode et les films mettent en scène des femmes enceintes de manière moins stéréotypée : on voit des femmes actives, des femmes fatales, des « femmes enfants », etc. À partir des années 1970, les ceintures de grossesse tombent en désuétude. Certains médecins tempêtent contre ces « horribles carcans intitulés "gaines de grossesse" : ce sont des prothèses destinées à contenir l'utérus des malheureuses qui ont perdu toute musculature » (Yves Malinas, *Bien vivre sa grossesse,* 1978). Pour éviter cet inconvénient, on invite plutôt les futures mères à pratiquer la gymnastique et à être « toniques ».

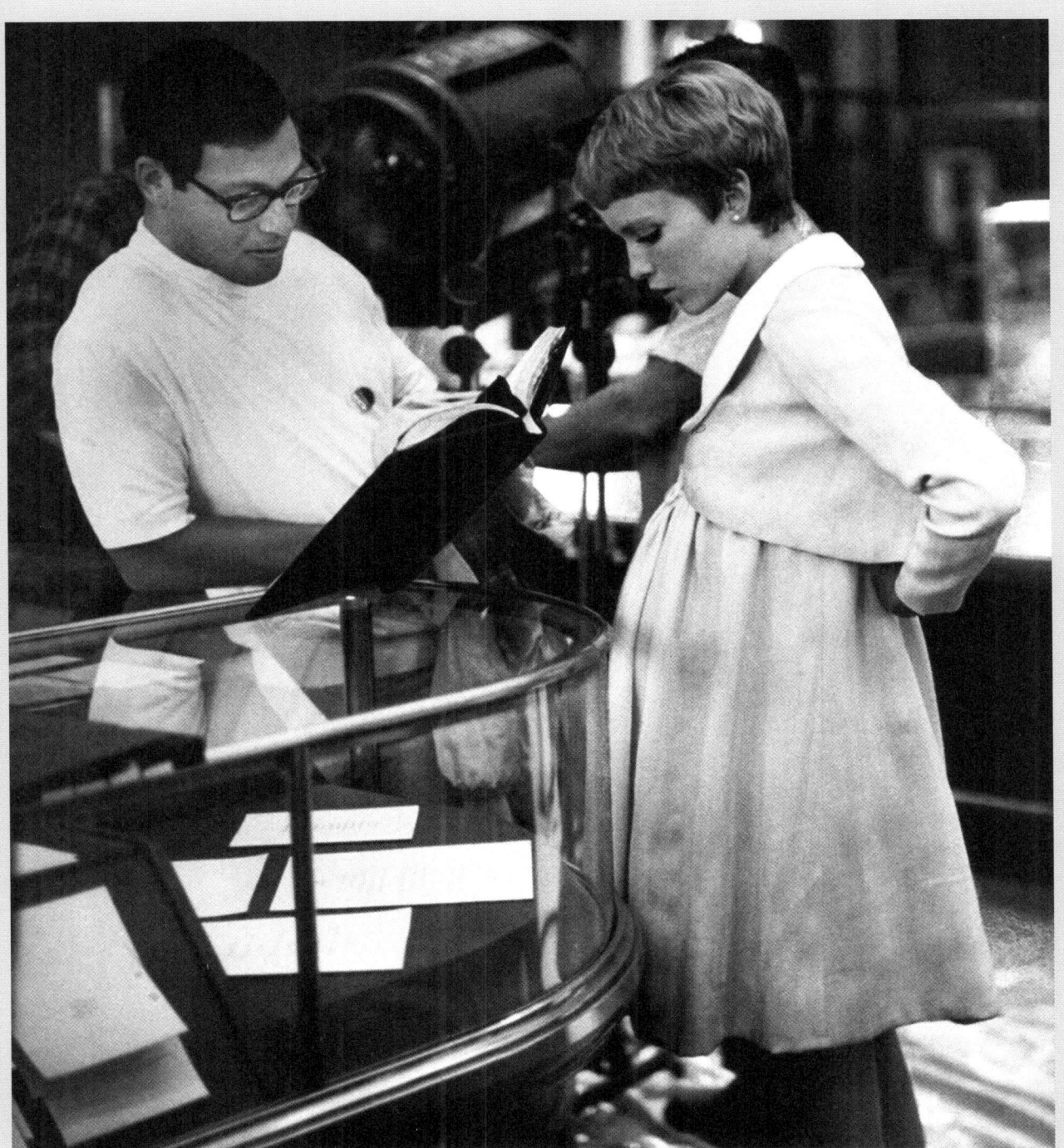

« Ce que nous voulions donner aux femmes, ce n'était pas un passeport pour la licence, mais les moyens de dominer les aléas de leur propre corps, car elles portaient les enfants et en accouchaient (...). Nous souhaitions en faire de meilleures mères d'enfants désirés. »

Évelyne Sullerot, *Le Grand Remue-Ménage: la crise de la famille,* 1997.

Le développement du militantisme féministe dans les années 1960 et surtout 1970, sous l'influence des écrits

de Simone de Beauvoir (*Le Deuxième Sexe,* 1949), du mouvement américain Women's Lib et de mai 1968, contribue aux progrès de la cause des femmes et à faire évoluer les représentations de la maternité. Les féministes revendiquent la libre disposition de leur corps et le droit de s'émanciper de leur destin biologique. Pour certaines d'entre elles, à commencer par Simone de Beauvoir, la maternité est considérée comme un handicap biologique qui fait obstacle à la liberté individuelle et à l'égalité avec les hommes. La femme enceinte serait « prise aux rets de la nature, elle est plante et bête, une réserve de colloïdes, une couveuse, un œuf; elle effraie les enfants au corps égoïste et fait ricaner les jeunes gens parce qu'elle est un être humain, conscience et liberté, qui est devenu un instrument passif de la vie » (Simone de Beauvoir, *Le Deuxième Sexe,* 1949, tome II, p. 307). Vue sous l'angle de l'aliénation et comme origine de la domination masculine et de l'exploitation féminine, la maternité est désacralisée. Si bien des féministes ne partagent pas ce point de vue, toutes revendiquent cependant pour les femmes le droit de contrôler leur fécondité. Différentes associations militent pour défendre l'éducation à la sexualité, le droit à la contraception et à l'avortement: c'est le cas de La Maternité heureuse, créée en 1956 et qui devient en 1960 le Mouvement français pour le planning familial, dit Planning familial, ou encore du Mouvement de libération des femmes (MLF) fondé en 1968 et du Mouvement pour la liberté de l'avortement et de la contraception (MLAC) créé en avril 1973. Ces mouvements contribuent à dissocier sexualité et procréation, féminité et maternité.

Affiche du Mouvement
pour la liberté de l'avortement,
Paris, 1972.

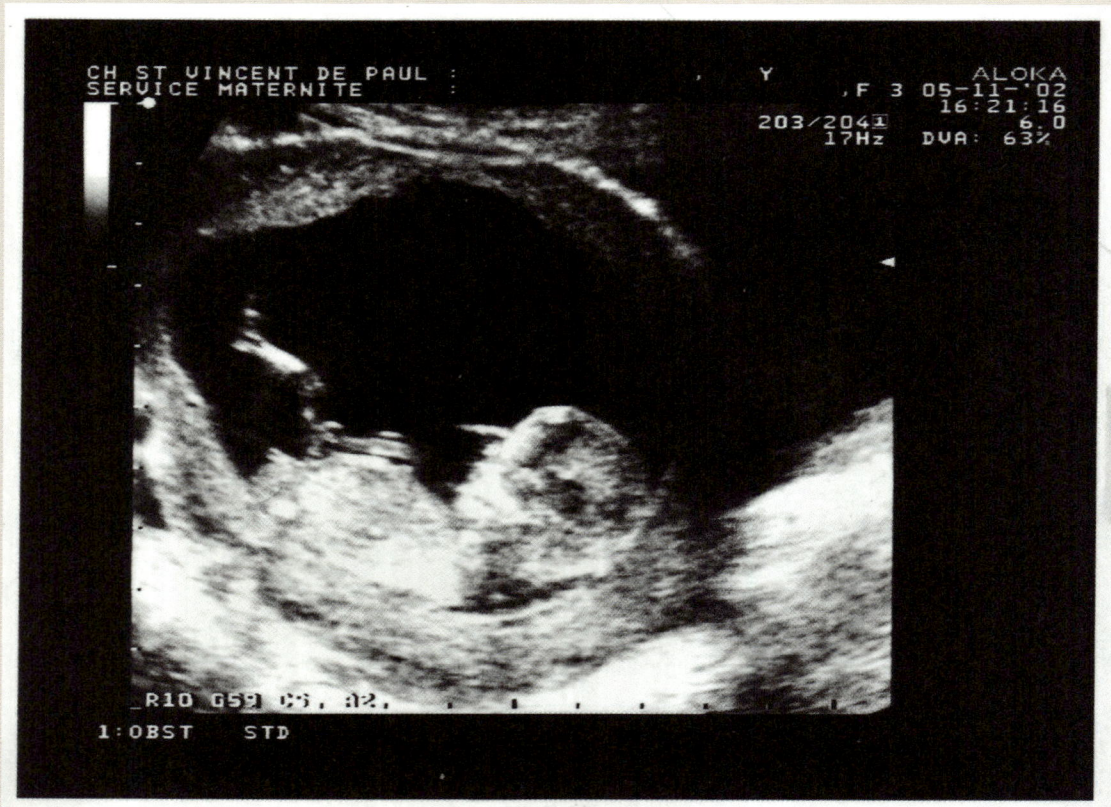

^
Échographie du premier
trimestre de la grossesse,
Paris, maternité
Saint-Vincent-de-Paul,
5 novembre 2002.

Exploitant une technologie dérivant des sonars employés pour détecter
les sous-marins pendant la Seconde Guerre mondiale, l'Écossais
Ian Donald avait eu l'idée, en 1958, d'utiliser les ultrasons pour
visualiser le fœtus *in utero*. À partir de 1974, on obtient les premières
images exploitables d'un fœtus dans l'utérus maternel. Mais il faut
attendre les années 1980 pour que l'échographie s'impose dans
le suivi de grossesse. En France, trois échographies sont remboursées
par la Sécurité sociale (aux douzième et vingt-deuxième semaines
et au huitième mois).

[...] intervenant de plus en plus tard en raison des impératifs professionnels féminins. Dans un contexte qui survalorise l'enfant, désormais plus rare et plus précieux, la grossesse devient un moment privilégié dans l'expérience de la parentalité et fait l'objet d'un fort investissement symbolique.

La médicalisation de la naissance et l'utérus transparent

L'autre révolution qui bouleverse le vécu de la grossesse est la médicalisation de la naissance : ébauchée aux XVIII⁰ et XIX⁰ siècles dans certains milieux, elle ne se généralise qu'au XX⁰ siècle à toutes les catégories de la population. À partir des années 1950, l'accouchement hospitalier s'impose, accompagné d'une surveillance croissante de la grossesse par les praticiens médicaux. Dès lors, la mortalité maternelle et infantile chute fortement, et la maternité peut s'envisager avec moins de crainte que par le passé, d'autant qu'elle n'est plus systématiquement associée à la douleur. En effet, les techniques d'accouchement dit « sans douleur » (ASD), développées en France dans les années 1950 sous l'impulsion du Dr Lamaze, puis l'anesthésie péridurale, à partir des années 1980, permettent de soulager les douleurs maternelles au moment de la mise au monde. L'ancienne malédiction divine « Tu accoucheras dans la douleur » s'efface : la femme n'est plus soumise à ce processus inexorable soi-disant consubstantiel à sa féminité. Elle peut désormais exercer une certaine maîtrise sur sa grossesse et son accouchement.

Le développement de l'imagerie médicale dans les années 1960, et surtout de l'échographie fœtale à partir des années 1980 modifie en profondeur les représentations et les comportements vis-à-vis de la grossesse et du fœtus. La possibilité d'explorer l'intérieur du corps et l'enfant à naître transgressent des tabous anciens, puisqu'elle donne à voir l'origine de la vie. Avant même que la grossesse soit perceptible, l'échographie rend visible l'intérieur du corps féminin et dévoile ce qui était jusqu'alors caché. Les frontières entre le dedans et le dehors du corps s'estompent, le ventre devient transparent. À l'« inquiétante étrangeté » de sentir un être vivant en soi s'ajoute maintenant celle de le voir. Certaines femmes déplorent cependant la perte du mystère et le désenchantement induits par ces images. Pour les soignants, cette technique vise à apprécier la croissance du fœtus et à pratiquer un diagnostic anténatal, mais pour les parents, l'échographie ne se limite pas à une technique médicale : il s'agit d'un nouveau rite de la grossesse, souvent vécu comme la première rencontre avec l'enfant à naître. Celui-ci prend une existence tangible : on peut observer ses mouvements, connaître son sexe et découvrir certains traits de son visage, notamment avec les nouvelles technologies d'échographie en 3D. Dès lors, les [...]

Le développement de l'imagerie médicale bouleverse
les représentations de la grossesse et du fœtus.
Le photographe suédois Lennart Nilsson fait sensation avec
son reportage « Drama of Life before Birth » dans le magazine *Life*
en 1965 : en montrant sur seize pages des photographies
du développement du fœtus *in vivo* dans l'utérus, il fait accéder
le grand public au monde jusqu'alors méconnu de la vie utérine.
Le magazine écoule 8 millions d'exemplaires en seulement
quatre jours, ce qui témoigne de l'intérêt pour ce sujet.
Nilsson photographie non seulement des fœtus vivants *in utero,*
mais aussi des fœtus avortés et issus de grossesses extra-utérines,
et publie la même année un livre intitulé *A Child is Born.*
En France, c'est *Paris-Match,* dans son numéro du 12 février 1966,
qui diffuse les photographies de Nilsson. Dès lors, ce type
de représentations se multiplie, pour finalement se banaliser
dans le monde de l'édition et les médias.

On notera avec intérêt que *Paris-Match* s'est beaucoup interrogé
avant de décider de publier ces photos. Dans l'introduction
du reportage « La vie avant la naissance » du 12 février 1966,
on lit : « N'était-ce pas manquer au respect que l'on doit à la vie ?
N'était-ce pas aussi s'immiscer dans l'intimité des familles,
prenant la place des parents à qui il revient d'initier les enfants
aux mystères de la vie ? Ces questions, nous nous les sommes déjà
posées il y a huit mois. Après un premier sondage, nous avions dû
renoncer. "L'opinion n'est pas préparée à voir de telles photos",
nous avait-on dit. Un sondage ultérieur a tout changé.
"Vous rendrez un grand service en publiant ces documents",
nous a-t-on déclaré cette fois de tous côtés. Huit mois ont suffi
pour faire tomber un tabou. Une évolution est en train de s'opérer
dans l'esprit des Français sur un sujet jusqu'ici interdit. »
Même les représentants religieux y sont favorables : « Ces photos
ne peuvent que faciliter le respect de la vie. Il est impossible
de ne pas être sensible au caractère sacré qui s'en dégage. »

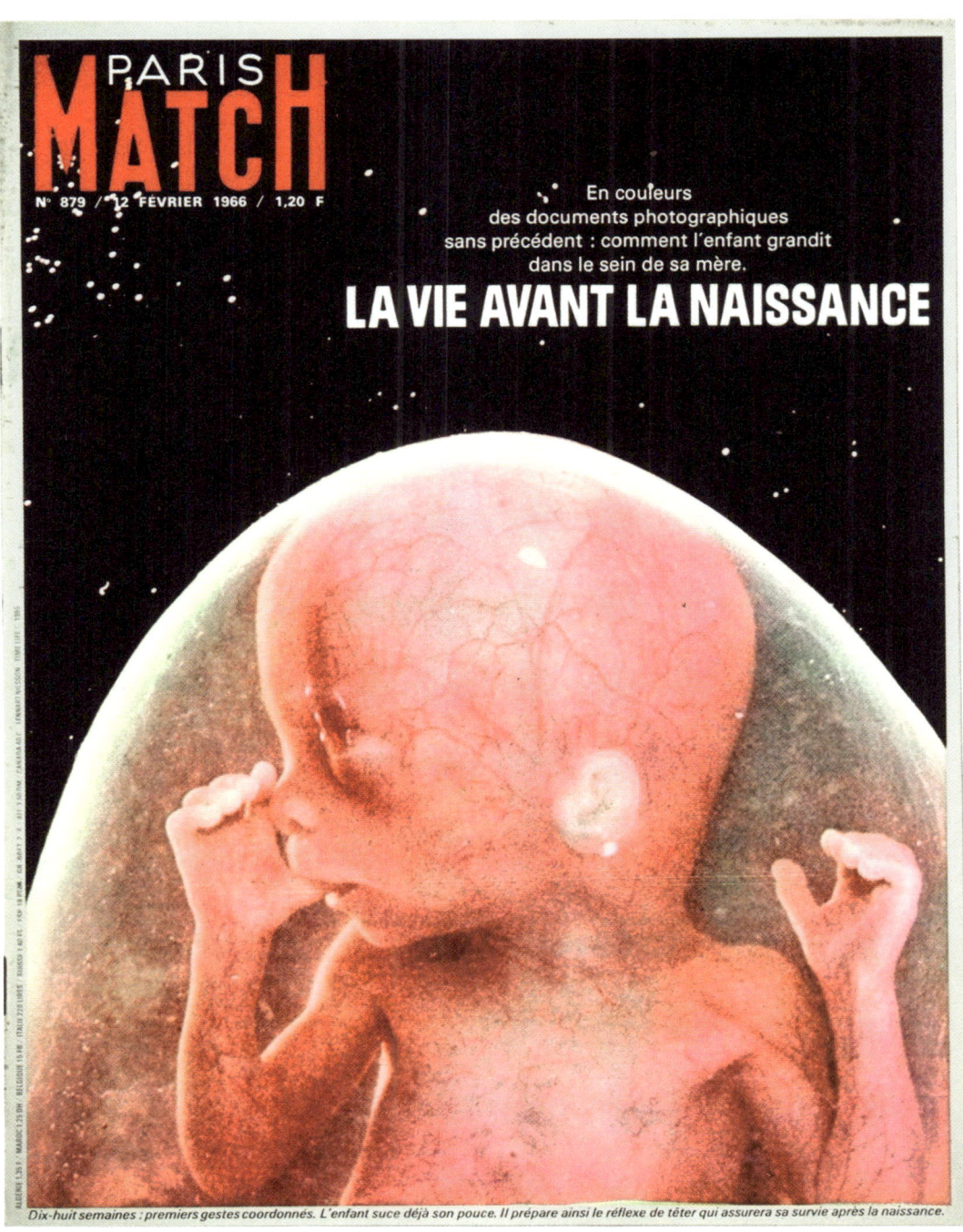

PARIS MATCH

N° 879 / 12 FÉVRIER 1966 / 1,20 F

En couleurs
des documents photographiques
sans précédent : comment l'enfant grandit
dans le sein de sa mère.

LA VIE AVANT LA NAISSANCE

Dix-huit semaines ; premiers gestes coordonnés. L'enfant suce déjà son pouce. Il prépare ainsi le réflexe de téter qui assurera sa survie après la naissance.

^
Couverture de *Paris-Match,*
n° 879, 12 février 1966.

parents investissent davantage l'enfant *in utero,* et la continuité prévaut entre le fœtus et le bébé nouveau-né après que l'accouchement a longtemps été perçu comme une rupture. La loi française reconnaît d'ailleurs depuis 2008 la filiation de l'enfant mort-né ou né vivant mais non viable, en donnant aux parents la possibilité de faire figurer cet enfant dans le livret de famille.

La médicalisation de la grossesse a permis d'importants progrès dans le domaine de la connaissance du fœtus : il n'est pas un amas de chair endormi comme on l'a longtemps cru, mais un être en devenir, déjà doué d'une sensibilité et de facultés, voire capable de communiquer comme en témoigne la pratique de l'haptonomie. Ces découvertes ont contribué à dissocier le fœtus du corps de sa mère, alors que la grossesse a longtemps été perçue comme une période de fusion entre les deux êtres. Le dévoilement du fœtus comme la révélation de son autonomie, ainsi que la surmédicalisation de la grossesse provoquent chez bien des femmes le sentiment d'être dépossédées de leur corps. La multiplication des interdits, des précautions et des examens à subir font de la femme enceinte une sorte de contenant au service d'un fœtus devenu un patient presque comme les autres. Ces découvertes ont d'ailleurs incité certains à réclamer qu'un statut soit reconnu au fœtus, puisque seul un enfant né peut se voir doté d'une personnalité juridique et des droits qui y sont liés. En France, le Comité consultatif national d'éthique pour les sciences de la vie et de la santé (CCNE), créé en 1983, déclare pour sa part que « l'embryon ou le fœtus doit être reconnu comme une personne humaine potentielle qui est ou a été vivante et dont le respect s'impose à tous ». Les dernières lois de bioéthiques n'ont pas davantage donné un statut clair à l'embryon et au fœtus. Quant à la Cour de cassation française et à la Cour européenne des droits de l'homme, elles refusent, par exemple, d'incriminer pour homicide involontaire l'auteur d'un accident qui aurait provoqué la mort d'un enfant à naître. Si nul ne réclame en France, comme dans certains États américains, l'application au fœtus de la législation portant secours aux enfants maltraités pour empêcher la mère d'avoir des conduites à risque (fumer, boire, etc.), les féministes jugent que la reconnaissance de droits au fœtus menace potentiellement la liberté féminine, notamment le droit à l'avortement.

La grossesse, un idéal de féminité ?

« Quand je chante les jouissances incomparables de la maternité, les bonheurs intenses de mon corps en métamorphose, singulier et pluriel à la fois, les délices indicibles de cette force qui m'habite, qui me comble, qui me remplit toute, qui bouge en moi, qui me secoue avec la violence d'un séisme, qui explose, primitive et folle,

<
Affiche de la Ligue nationale
contre le cancer,
Paris, décembre 1979.

qui m'écartèle, me fend pour laisser glisser – volupté ! éblouissement – la vie entre mes cuisses, je t'en supplie, tais-toi, et écoute... » (Mariella Righini, *Écoute ma différence,* Paris, Grasset, 1978.)

Malgré des contraintes nouvelles, la grossesse fait l'objet d'une idéalisation croissante depuis les années 1970. Dès cette époque, certaines féministes, en réaction au féminisme beauvoirien qui fait de la maternité un esclavage, célèbrent le bonheur d'être mère et les plaisirs physiques que cet état procure. Tout en revendiquant l'égalité avec les hommes, elles professent un féminisme de la différence qui magnifie la féminité. La grossesse est vue sous l'angle de la création et comme la capacité fondamentale et spécifiquement féminine d'accueillir en soi un futur individu – expérience d'altérité sans pareil. La psychanalyste et philosophe féministe Antoinette Fouque va jusqu'à critiquer la théorie freudienne en substituant l'« envie du pénis » soi-disant typique de la psyché féminine à l'« envie d'utérus » de l'homme, ce qui expliquerait sa volonté de contrôler l'engendrement.

Le déclin des rites d'alliance depuis plusieurs décennies, à commencer par le mariage, et le surinvestissement parental à l'égard de l'enfant conduisent également à renforcer l'importance de la première maternité. « Toute première étape de la maturité sociale féminine » (Agnès Fine, « Écritures féminines et rites de passage », *Communications,* n° 70, 2000), la grossesse reste un rite de passage essentiel pour la femme et un moment de socialisation important pour le couple. Il n'est donc pas surprenant que cet état soit très valorisé, au point que se développe actuellement en Europe la mode de la *Baby Shower Party* venue des États-Unis, une fête organisée par la femme pendant sa grossesse pour célébrer le passage de son statut de femme à celui de future mère. La maternité reste donc encore aujourd'hui un élément essentiel de l'identité féminine.

Le développement d'une mode spécifique pour les femmes enceintes témoigne de ces nouvelles représentations de la grossesse qui doit désormais se voir et non plus se cacher. On affiche même ostensiblement sur des tee-shirts imprimés le sexe de l'enfant à naître ou le mois prévisible de l'accouchement. Les marques de prêt-à-porter dédiées exclusivement aux femmes enceintes se multiplient. Les vêtements de grossesse, plus près du corps, moulent le ventre, souligné au besoin par une ceinture. Décolletés, couleurs voyantes, rien n'est plus interdit aux femmes enceintes, incitées à ne pas renoncer à être séduisantes sous prétexte qu'elles vont devenir mère. La sexualisation du corps de la femme enceinte affiche publiquement que maternité et sexualité ne sont plus inconciliables. Cette évolution dénote une certaine ambivalence : elle peut être interprétée comme une nouvelle étape de l'émancipation féminine, mais elle révèle aussi les écueils de nos

Norman Parkinson,
Twiggy enceinte,
1973, photographie.

Longtemps taboue pendant la grossesse, la photographie est désormais un passage obligé pour immortaliser cette expérience. Des studios photographiques se spécialisent d'ailleurs dans les photographies de femmes enceintes, qui n'occultent plus le ventre mais le mettent au contraire en valeur. « Épanouissement narcissique du moi féminin » (Yvonne Knibiehler, dans Mathilde Dubesset et Françoise Thébaud, « Entretien avec Yvonne Knibiehler », *CLIO. Histoire, femmes et sociétés,* n° 21, 2005), la grossesse est désormais perçue comme un état valorisant et valorisé.

Le scandale de la couverture
de *Vanity Fair,* où Demi Moore
pose nue et enceinte, suscite
une tornade médiatique en 1991,
Clive Dixon/Rex Features.

sociétés capitalistes qui font de la femme enceinte un objet de consommation comme un autre.

Depuis les années 1980, la grossesse s'expose dans les médias. Femmes stars de cinéma et people n'hésitent plus à se faire photographier enceintes. Ces photographies, d'abord habillées et réservées aux pages intérieures des magazines, exhibent de plus en plus un ventre bien rond. En 1991, Demi Moore pose, parée de ses seuls bijoux, sous l'objectif d'Annie Leibovitz, et fait scandale en une de *Vanity Fair*; le magazine américain est d'ailleurs vendu emballé dans un papier brun, et certains points de vente refusent de le commercialiser en raison du caractère érotique de la couverture. Demi Moore est pourtant vite suivie par d'autres, au point que poser nue et enceinte devient presque un passage obligé pour les mannequins, chanteuses ou comédiennes de premier plan. Des sites Internet sont même spécifiquement voués à la grossesse des people et en traquent les images.

Dans le même temps la publicité banalise l'image de la femme enceinte, qui incarne désormais la féminité épanouie, décomplexée et tournée vers l'avenir. Le corps de la femme enceinte, souvent dénudé, fait

désormais vendre : il sert aussi bien à vanter le grand emprunt lancé par l'État français (2010) qu'à inciter à la consommation de bière sans alcool (Nova Schin, 2009) ou de bouteilles d'eau minérale (Évian, 2013)…

La campagne de publicité pour la marque Envie de fraises affichée dans le métro parisien en 2012 témoigne que « grossesse » rime désormais avec « féminité ». Même pendant sa grossesse, la femme se doit d'être sexy et peut-être désirable. L'exhibition de la grossesse n'est pas limitée à la mode pour « futures mamans ».

>
Affiches de la marque
Envie de fraises,
par Melville, agence de création
publicitaire, 2012.

˅

Affiche du film *Ce qui vous attend si vous attendez un enfant*, de Kirk Jones, 2012.

˅

Affiche du film *Juno*, de Jason Reitman, 2007.

Ainsi, en 2012, lors des semaines de la mode *(fashion weeks)* de Milan (septembre), São Paulo (avril) ou Londres (février), plusieurs mannequins ont affiché fièrement leur grossesse sur les podiums. Les concours de beauté pour femmes enceintes se multiplient également dans le monde, à l'instar du Pre-Labor Day Pregnant Bikini Contest organisé tous les ans depuis 2004 au Texas par une radio américaine : les femmes, enceintes d'au moins trois mois, doivent défiler en bikini, danser et relever des défis sur scène…

Les images de femmes enceintes qui s'exhibent sont très stéréotypées. Perpétuant les canons classiques de la beauté féminine, elles privilégient des femmes filiformes qui arborent un ventre harmonieux correspondant souvent à une grossesse de six ou sept mois. Ces images qui donnent une version tronquée de la réalité et dans lesquelles bien des femmes enceintes ne peuvent se reconnaître, impriment néanmoins le diktat de la minceur sur les futures mères. En témoigne le phénomène de « prégorexie » (contraction de *pregnant*, « enceinte », et « anorexie »), de plus en plus répandu : à l'image de certaines célébrités, comme Victoria Beckham, qui affichent des rondeurs discrètes pendant leur grossesse et n'en gardent aucune trace quelques jours après l'accouchement, 15 à 20 % des femmes en Europe se sous-alimenteraient volontairement pour garder la ligne. Ces dérives, dangereuses tant pour la mère que pour l'enfant, rappellent que la grossesse

PAR LE RÉALISATEUR DU
PREMIER JOUR
DU RESTE DE TA VIE

GAUMONT présente

LOUISE BOURGOIN   PIO MARMAÏ

UN HEUREUX EVENEMENT

UN FILM DE RÉMI BEZANÇON

JOSIANE BALASKO   THIERRY FREMONT   GABRIELLE LAZURE   ANAÏS CROZE ET LA PARTICIPATION DE FIRMINE RICHARD

^
Affiche du film
Un heureux événement,
de Rémi Bezançon, 2011.

L'image de la femme enceinte se répand dans les salles de cinéma,
tant dans des films américains comme *Juno* (2007), *En cloque, mode
d'emploi* (2007), *Ce qui vous attend si vous attendez un enfant* (2012),
que dans des films français tels *Neuf Mois* (1993), *17 Filles* (2011),
ou encore *Un heureux événement* (2011) dont les affiches placardées
dans l'espace public exhibent le ventre rond de l'actrice Louise Bourgoin.
La femme enceinte est également devenue un sujet banal de romans
ou de pièces de théâtre. Le nombre de sites Internet, de magazines
spécialisés et d'ouvrages grand public consacrés à la grossesse donne
par ailleurs la mesure de l'intérêt accordé à la grossesse dans notre société.

est un moment critique pour l'image de soi. À l'angoisse liée à la déformation corporelle s'ajoute celle de ne pas retrouver son corps d'avant la grossesse. Si, à l'origine, la surveillance de la prise de poids pendant la grossesse relevait du suivi médical, le contrôle traduit désormais une forme de soumission à la pression sociale : la grossesse est certes valorisée, mais elle doit aussi témoigner d'une maîtrise de soi. Ces contraintes expliquent que certaines femmes envisagent le recours à une mère porteuse pour avoir un enfant, à l'instar de la star américaine Sarah Jessica Parker.

Le renouvellement de l'image de la femme enceinte se traduit par l'apparition de nouveaux rituels de grossesse comme le *body painting* ou le moulage en plâtre du ventre. Même lorsqu'il s'agit d'œuvres éphémères, des photographies sont réalisées pour en conserver des images qui seront transmises ensuite à l'enfant. Le moulage du ventre pendant la grossesse s'inspirerait d'un rite de passage pratiqué par les indiens Navajos : au cours d'une cérémonie célébrant la femme enceinte, on réalisait en effet l'empreinte de son ventre. Cette cérémonie était l'occasion d'inscrire la future mère dans toute une lignée féminine,

une étape importante dans la construction de son identité de femme. Importées des États-Unis, ces pratiques encore marginales en France témoignent d'un « fétichisme » croissant envers le ventre maternel, ainsi que d'un narcissisme exacerbé. Ces œuvres célébrant la grossesse permettent de conserver une trace de cette expérience et constituent aussi pour les femmes une manière de se réapproprier leur grossesse « envahie » par le médical.

La femme enceinte épanouie et rayonnante, qui affiche son gros ventre sans complexe, est désormais l'image qui prévaut en Occident. Toutefois, toutes les femmes ne se reconnaissent pas dans ces nouvelles normes qui font de la grossesse un état privilégié.

<

Les acteurs américains
Angelina Jolie, enceinte, et Brad Pitt,
festival de Cannes,
15 mai 2008.

L'idéalisation de la grossesse dans les sociétés occidentales actuelles explique qu'on aille jusqu'à proposer aux petites filles des poupées enceintes. Le fabricant de jouets Mattel, suivi par d'autres, a ainsi mis sur le marché plusieurs modèles de poupées mannequins enceintes, dotées d'un ventre postiche magnétique avec un bébé à l'intérieur, ce qui n'a pas manqué de susciter des critiques aux États-Unis. Ainsi Midge, la meilleure amie de Barbie, est retirée des rayons des supermarchés Walmart en 2002 en raison de plaintes de certains consommateurs : des parents pensent en effet que Midge est trop jeune pour avoir des enfants, et considèrent donc qu'elle promeut la grossesse chez les adolescentes, voire qu'elle fait l'apologie des relations hors mariage puisqu'elle n'a pas de bague au doigt...

Une nouvelle version a été commercialisée depuis, et Mattel annonce sur son site Internet que les poupées de la ligne Happy Family ont été conçues pour satisfaire le désir de maternage des petites filles âgées de cinq à huit ans, et qu'elles peuvent aider les parents à préparer leur enfant à l'arrivée d'un nouveau bébé.

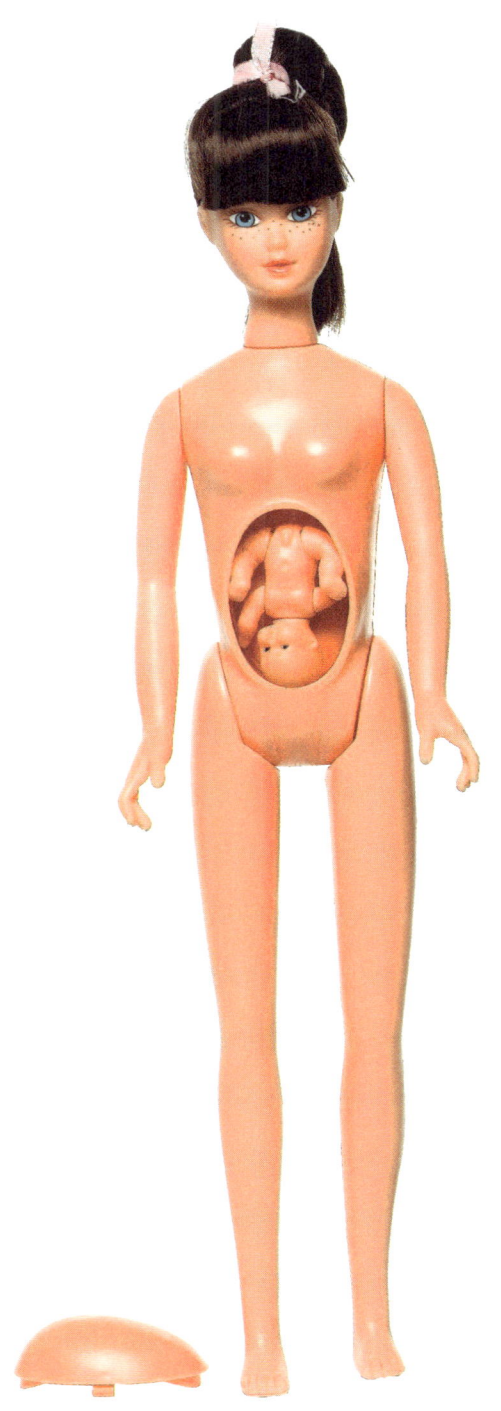

Poupée enceinte,
Migliorati, 1990.

L'art depuis le milieu du XXᵉ siècle et la représentation de la grossesse : LA FIN DES TABOUS ?

À partir des années 1960 et 1970, l'essor des mouvements féministes et la volonté de lutter contre la domination masculine se traduit chez les artistes féminines par le renouvellement de la représentation du corps et de la féminité. D'Alice Neel à Niki de Saint Phalle en passant par Louise Bourgeois, bien des créatrices s'intéressent aux transformations du corps féminin. Elles bousculent les conventions établies par les artistes masculins, n'hésitant pas à exposer la réalité la plus crue et leur vécu de femmes. Dans cette démarche, qui s'apparente souvent à une redécouverte de soi, une volonté de désacraliser la maternité se fait parfois jour. Certaines artistes mettent plus directement en scène leur expérience corporelle, comme Marni Kotak, dont la première grossesse et l'accouchement ont fait l'objet de performances publiques en 2011. Ce genre d'œuvres suscite souvent la gêne, parfois l'hostilité du public, surtout masculin, devant ce qui est perçu comme une exhibition ou une provocation, car elle salit l'image encore largement idéalisée de la mère. Les tabous n'ont donc pas totalement disparu. Au final, l'expérience de la maternité reste assez peu présente dans l'art contemporain,

car beaucoup de galeristes jugent ces œuvres souvent invendables car trop personnelles.

Niki de Saint Phalle (1930-2002), née dans une famille bourgeoise franco-américaine, décide à vingt ans de devenir artiste pour échapper à son milieu et aux tourments de l'inceste commis par son père. En 1960, elle quitte mari et enfants pour vivre avec le sculpteur Jean Tinguely et rejoint le mouvement du Nouveau Réalisme. Elle commence à représenter « des mariées, des accouchements et des putains, ces rôles variés que les femmes ont dans la vie ». Elle se fait connaître à partir de 1965 avec ses *Nanas*, ces femmes colorées aux corps ronds et imposants. Les premières *Nanas* sont inspirées par la grossesse d'une amie, Clarice Rivers. Entretenant des relations difficiles avec sa mère, dont elle a été séparée de l'âge de trois mois à trois ans, Niki de Saint Phalle, en représentant le corps maternel, répare ce lien troublé et s'engendre elle-même en tant qu'artiste.

Invitée en 1966 avec son compagnon Jean Tinguely au Moderna Museet de Stockholm à réaliser une sculpture monumentale éphémère dans le hall du musée, Niki de Saint Phalle raconte :

>
Niki de Saint Phalle,
Nana enceinte,
1967-1970, polyester, peinture,
Genève, collection particulière.

^
Niki de Saint Phalle, Jean Tinguely
et Per Olov Ultvedt, *Hon,*
sculpture environnementale
éphémère, construite, vécue
et détruite, Stockholm, Moderna
Museet, avril-juillet 1966,
grillage, tissu, polyester.

« Elle était là comme une grande Déesse de la fertilité, accueillante
et confortable dans son immensité et sa générosité. Elle reçut,
absorba, dévora des milliers de visiteurs. La joyeuse et géante créature
représenta pour beaucoup de visiteurs comme pour moi le rêve
du retour à la Grande Mère. Des familles entières avec leurs enfants,
leurs bébés, vinrent la voir. (…) Un psychiatre de Stockholm écrivit
dans un journal que la HON changerait les rêves des gens pour
les années à venir. Le nombre des naissances augmenta à Stockholm
l'année suivante, cela fut attribué à la HON! » (Niki de Saint Phalle,
lettre à Clarice Rivers, automne 1966.)

« Pourquoi ne pas construire une gigantesque NANA pénétrable, si grande qu'elle remplirait tout le hall du Musée ? Cela devenait très excitant ! Nous savions que nous allions toucher au pays sacré du mythe. Nous allions édifier une déesse. Une grande déesse PAÏENNE. Comme tu étais, Clarice, la NANA originale, tu peux à présent te considérer comme le modèle de la GRANDE DÉESSE... » (Lettre à Clarice Rivers, automne 1966.)

Hon (« Elle » en suédois) se présente comme une femme enceinte de 28 mètres de longueur sur 6 mètres de hauteur, allongée sur le dos, jambes écartées, et que l'on peut visiter en entrant par le vagin-porte. À l'intérieur, on découvre un planétarium, un cinéma, un milk-bar, un lieu d'exposition... Des escaliers permettent d'« accéder à une terrasse sur son ventre, d'où l'on avait une vue panoramique sur les visiteurs qui s'approchaient et sur ses jambes peintes de couleurs vives » (lettre à Clarice Rivers). L'exposition, qui dure deux mois, remporte un grand succès (plus de 100 000 visiteurs). À la surprise des organisateurs, elle ne fera pas scandale. L'œuvre est ensuite totalement détruite, car Niki de Saint Phalle tient à son caractère éphémère.

Cette sculpture évoque évidemment *L'Origine du monde* de Courbet, même si Niki de Saint Phalle ne pouvait pas alors connaître le tableau,

dévoilé seulement en 1995 au public. Avec *Hon*, l'artiste rend possible le désir de retourner dans le ventre maternel, qui selon les psychanalystes, anime les êtres humains, et notamment les hommes dans l'acte sexuel. Elle cherche aussi à montrer que le ventre maternel abrite tout ce qui est nécessaire à la vie. On peut y voir, pour l'artiste, une forme de reconquête du corps féminin et une mise en valeur de la matrice, qui vise à exorciser le traumatisme de l'inceste et à renouer le lien avec la mère. Dans son *Jardin des Tarots*, exécuté en Toscane à partir de la fin des années 1970, Niki de Saint Phalle édifie des sculptures monumentales dont certaines sont habitables, reconstituant encore une fois le désir de retourner dans le ventre maternel.

« Je voudrais essayer d'exprimer vraiment moi-même la situation de la femme dans le monde d'aujourd'hui. Les mecs sont tellement jaloux. Ils ne peuvent pas piper le fait que la femme met au monde, ils ont fait des fusées, des gratte-ciel, des villes, n'importe quoi pour essayer d'oublier que la femme, elle, peut créer. Mais aujourd'hui la femme, elle a envie... par exemple, moi, la seule possibilité que j'aurais de pas être artiste, c'est d'être enceinte tous les neuf mois, parce que je suis tellement obsédée avec la création, ce serait la seule chose qui pourrait me satisfaire » (transcription d'une interview de Niki de Saint Phalle, émission télévisée « Niki de Saint Phalle et Jean Tinguely, les Bonnie and Clyde de l'Art », Arte, 30 mai 2010).

Dans l'œuvre de la sculptrice et plasticienne franco-américaine **Louise Bourgeois (1911-2010),** la maternité est également un thème central, qui devient d'ailleurs presque obsédant à la fin de sa carrière. L'artiste l'aborde par le biais de supports très divers (bronze, tissu, papier...) et sous de multiples aspects : fécondation, grossesse, accouchement, allaitement, relations à l'enfant, etc. Mariée à Robert Goldwater, Louise Bourgeois est mère de trois garçons. Elle adopte le premier avant de partir pour les États-Unis, par peur de ne jamais avoir d'enfant. Elle aura ensuite deux autres fils : un premier naît prématurément en 1940 – c'est « l'événement le plus important de ma vie », dit-elle, rapporte Paulo Herkenhoff dans *Notes,* 2000 (voir catalogue *Louise Bourgeois,* Paris, Centre Pompidou, 2008, p. 181), puis un autre en 1941, dont la grossesse est difficile et qui refuse de venir au monde. Sa naissance plonge Louise Bourgeois dans une profonde dépression. Certaines œuvres font référence à sa propre expérience, d'autres sont plus symboliques et renvoient au pouvoir créateur des femmes et à la maternité comme source de vie et de mort. Louise Bourgeois « conçoit la mater-

nité au sens originel, matriciel, de germination, de fécondation et de reproduction. La grossesse est, pour elle, un état ambigu, à la fois pénible et érotique » (Marie-Laure Bernadac [dir.], *Louise Bourgeois,* cat. exp., Paris, Centre Pompidou, 2008). Ses œuvres offrent une vision renouvelée de la maternité, loin de l'image lisse et idéalisée qui a longtemps prévalu.

La sculpture en bronze *Fragile Goddess* (voir page 179), qui n'est pas sans rappeler les Vénus paléolithiques, représente le torse d'une femme enceinte aux seins et ventre proéminents. Toutefois, le cou dressé sans tête évoque aussi un phallus et les deux globes des testicules. Louise Bourgeois affiche ici sans pudeur les origines sexuelles de la procréation. En 2002, elle réalise une autre version de *Fragile Goddess,* mais cette fois en tissu rose, avec de grosses coutures apparentes. L'usage d'une matière textile qui évoque la peau renforce les aspects érotiques de l'œuvre et renouvelle la question de sa « fragilité ».

>
Louise Bourgeois,
The Reticent Child (détail),
2003, tissu, élément de l'installation de six éléments,
collection Louise Bourgeois Trust, New York, Courtesy
Cheim & Read Gallery,
Londres, Hauser & Wirth Gallery.

Alors que la relation très forte de Louise Bourgeois à sa propre mère transparaît dans nombre de ses œuvres, il faut attendre la fin de sa carrière pour que sa relation avec son fils Alain, « l'enfant réticent », fasse l'objet d'une création, *The Reticent Child,* réalisée à l'âge de quatre-vingt-douze ans. Cette installation prend la forme d'une table métallique sur laquelle sont posées six figurines reflétées par un miroir convexe placé à l'arrière et retraçant l'évolution de ce fils qui refusait de venir au monde, depuis la gestation jusqu'à l'adolescence. La figurine représentant la grossesse par transparence témoigne d'une réflexion de l'artiste sur l'emprise du pouvoir médical sur le corps féminin, et les conséquences du dévoilement de l'intérieur du corps par les nouvelles techniques telle l'échographie.

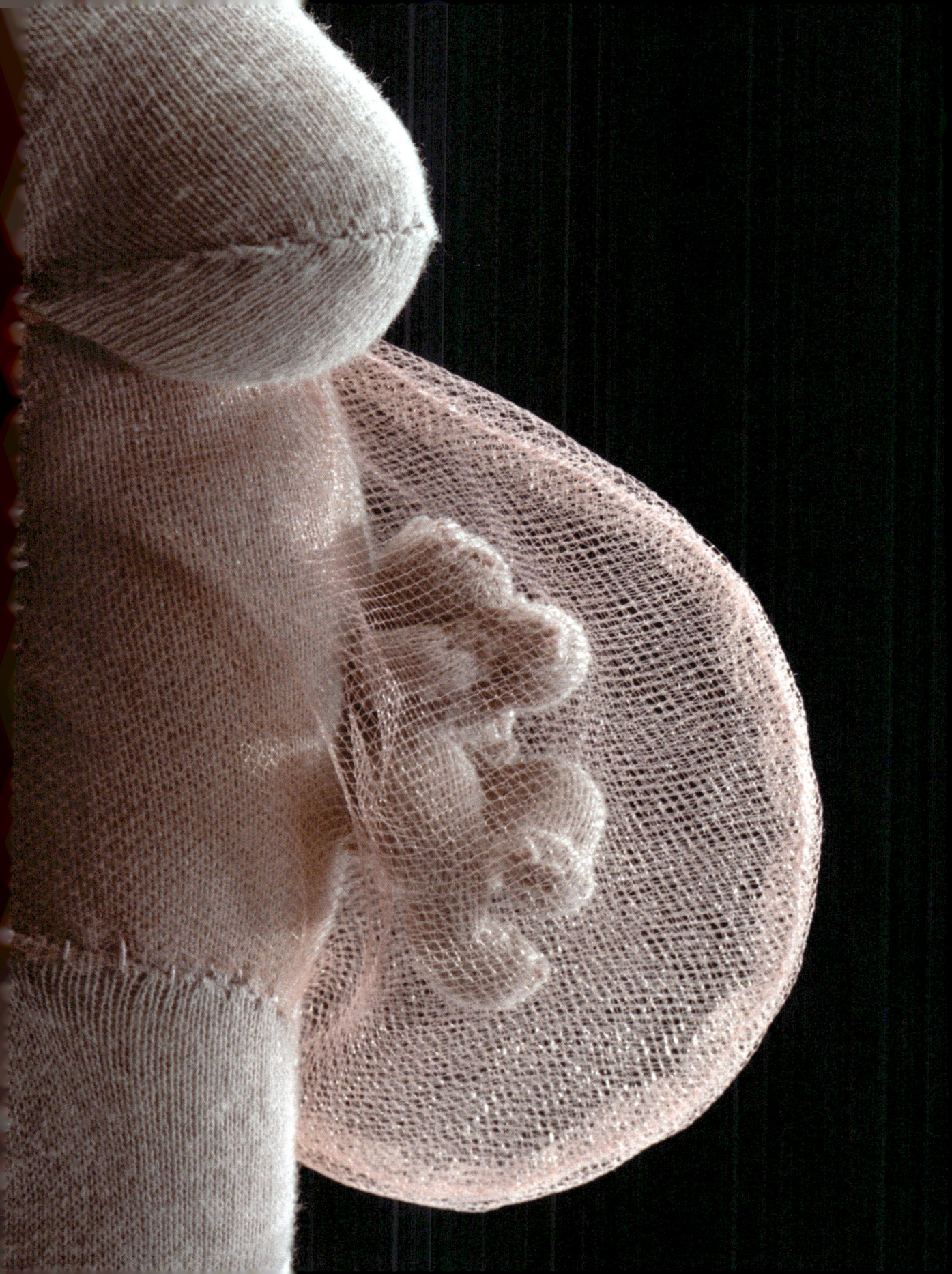

La thématique de la maternité est peu abordée par les artistes masculins contemporains. Il faut dire que les tabous de la grossesse ont déjà été repoussés dans l'art depuis le début du XXe siècle, et que l'on est désormais saturé d'images de grossesse dans les médias. La femme enceinte, ultravalorisée socialement, ne suscite plus guère l'intérêt des artistes : la féminité est plutôt dépréciée dans le champ de la création artistique, et le sujet semble peut-être trop lisse. La grossesse fait néanmoins l'objet de quelques représentations, essentiellement sous forme de sculptures souvent monumentales. Ces femmes enceintes exposées dans l'espace public ne provoquent plus tant de réactions indignées, ce qui témoigne d'une évolution des sensibilités.

The Virgin Mother de **Damien Hirst, artiste anglais né en 1965,** est frappante par sa monumentalité (plus de 10 mètres de hauteur). Plusieurs versions de cette œuvre ont été réalisées et installées en extérieur à divers endroits (Lever House à New York, Royal Academy de Londres, port de Fontvieille à Monaco). La sculpture en bronze, créée en 2005, reprend la pose de la statue de la *Petite Danseuse de quatorze ans* de Degas (vers 1881),

mais c'est une femme enceinte. En outre, la moitié gauche du corps, vivement colorée, se présente comme un écorché : on peut observer sous la peau écarlate les muscles, les organes internes et même le fœtus, comme dans les planches anatomiques des XVIIIe et XIXe siècles. Hirst explique ainsi la référence à Degas : « C'est un peu subversif, elle ne devrait pas être réellement enceinte. Je voulais en donner la sensation. Toute femme qui est enceinte paraît relativement âgée, c'est le problème » (« Like People, Like Flies: Damien Hirst Interviewed », dans Eduardo Cicelyn, Mario Codognato et Mirta D'Argenzio [éd.], *Damien Hirst : Il Tormento E L'Estasi. Mostra Antologia,* 1989-2004, cat. exp., Naples, Museo Archeologico Nazionale, 2004). En 2012, Damien Hirst a représenté à nouveau un écorché de femme enceinte, tenant cette fois une épée à la main, dans un bronze de plus de 20 mètres de hauteur baptisé *Verity* et érigé sur le littoral anglais à Ilfracombe.

Ron Mueck, né en 1958, est un sculpteur hyperréaliste australien, dont les œuvres, réalisées en silicone et résine de polyester puis peintes, reproduisent de manière troublante le corps humain jusqu'aux moindres détails de la peau, du système pileux ou des ongles. Mais les corps sont

<

Marc Quinn,
Alison Lapper Pregnant,
2005, marbre,
Londres, Trafalgar Square.

La sculpture représente Alison Lapper, artiste handicapée née en 1965. Marc Quinn a voulu représenter son amie au huitième mois de sa grossesse, jugeant qu'il n'y avait aucune représentation positive du handicap dans l'histoire de l'art. Par cette œuvre, il cherche à associer féminité, maternité et handicap. Tout en se voulant novatrice, cette œuvre n'est pas sans rappeler la statuaire classique, notamment la *Vénus de Milo*.

figurés beaucoup plus grands ou plus petits que dans la réalité, ce qui provoque une distorsion avec le réel et crée une certaine distance avec le spectateur. Si les personnages ont une attitude figée et semblent plongés dans leurs pensées, ils invitent souvent à partager une émotion et à imaginer leur histoire. Par ses œuvres qui accordent une grande place au corps, Mueck témoigne de la fragilité des humains et renvoie aux thèmes fondamentaux de la vie et de la mort. Plusieurs de ses sculptures s'intéressent à la mère et à l'enfant : *Pregnant Woman* est une œuvre monumentale (2,52 m de hauteur) que Mueck a travaillée en prenant pour modèle une femme enceinte durant les trois derniers mois de sa grossesse, mais aussi en s'appuyant sur des photographies et des textes anatomiques. La femme est représentée debout, les bras croisés sur la tête et les yeux clos. Son ventre est si protubérant qu'elle semble prête à accoucher. Peut-être ressent-elle les premières contractions qui annoncent l'arrivée de l'enfant ? Le caractère imposant de la sculpture et sa nudité en font une ode à la maternité et à la féminité, source de la vie. En cela, *Pregnant Woman* s'inscrit dans la continuité des déesses mères de la préhistoire et de l'Antiquité. La sculpture n'est cependant pas qu'un symbole. Les imperfections du corps représenté et son attitude expriment une profonde humanité. Absorbée par ce qui se passe en elle, la femme enceinte dégage une impression de vulnérabilité qui la rend particulièrement touchante. Exposée à Canberra à la National Gallery of Australia, elle est une des œuvres les plus recherchées par le public de ce musée.

^
Ron Mueck,
Pregnant Woman,
2002, sculpture, fibre de verre,
résine, silicone,
Canberra,
National Gallery of Australia.

T our à tour célébrées, cachées, ou exhibées, les femmes enceintes ont vu leurs représentations considérablement évoluer en Occident depuis le Moyen Âge, ce qui témoigne de profondes mutations sociales. Malgré les progrès récents qui ont permis de dévoiler certains mystères de l'utérus, la grossesse continue d'interroger et de fasciner, bien au-delà des milieux scientifiques. À l'aube du XXIᵉ siècle, plusieurs évolutions majeures se dessinent, dont les conséquences sur le vécu et les perceptions de la grossesse risquent d'être considérables.

La place de la grossesse dans l'identité féminine et maternelle

Malgré les bouleversements de la condition féminine depuis une cinquantaine d'années, la maternité reste considérée dans les sociétés occidentales comme un élément essentiel de l'identité féminine. Si des mouvements, comme celui baptisé No Kid, tentent de déconstruire cette norme, l'injonction à la maternité est largement intériorisée par les femmes, qui déclarent dans leur très grande majorité vouloir être mères. Seulement 10 % des Françaises n'ont pas d'enfant, dont la moitié volontairement, alors qu'en Allemagne, cette proportion s'élève à plus de 30 %. Pour beaucoup de femmes, être mère implique de vivre physiquement la grossesse et l'accouchement, perçus comme des expériences incontournables et fondatrices. Ces représentations expliquent que la stérilité soit encore vécue par bien des femmes comme une véritable « faille identitaire » et une source d'immenses frustrations. Revendiquant un « droit à l'enfant », des femmes en nombre croissant rencontrent cependant des difficultés à tomber enceintes, notamment en raison du caractère de plus en plus tardif de la première maternité (vingt-huit ans en moyenne en France en 2012). Depuis les années 1980, la médecine vient toutefois au secours des couples stériles. La mise au point de la fécondation *in vitro* (FIV) a permis la naissance de Louise Brown en 1978 à Oldham, au Royaume-Uni, puis d'Amandine en 1982 à l'hôpital français Antoine-Beclère, à Clamart, ouvrant la voie au développement de la procréation médicalement assistée (PMA). Depuis, les demandes de procréation artificielle ont explosé, et certaines femmes semblent prêtes à tenter l'impossible pour avoir un enfant à tout prix, même à un âge avancé.

^

Lucian Freud,
Annie et Alice,
1975, collection
particulière.

Si les couples lesbiens n'ont pas la capacité de procréer seuls,
ils peuvent exprimer un désir de maternité qui les rapproche
des couples hétérosexuels. La demande croissante de reconnaissance
de l'homoparentalité dans les sociétés occidentales témoigne
de l'importance de ce désir d'enfant.

« L'empire du ventre »

La tendance à la « naturalisation » de la maternité s'observe aussi dans l'évolution du droit français de la famille. En effet, plusieurs lois des années 1970 anéantissent un certain nombre de principes issus du Code civil napoléonien (autorité parentale conjointe, égalité des enfants naturels et légitimes) et conduisent à fonder la filiation sur la réalité biologique de la gestation et non plus sur le mariage des parents. Ce sont en effet la gros-sesse et l'accouchement qui fondent désormais la maternité sur le plan juridique, conduisant par exemple Marcela Iacub à dénoncer un « empire du ventre » construit par le droit. La loi du 29 juillet 1994 sur la procréation médicalement assistée (PMA) conforte cette évolution en reconnaissant comme mère celle qui accouche et non celle qui fournit le capital génétique. Mais la loi française est désormais considérée par beaucoup comme archaïque au regard des évolutions qui touchent la procréation.

Quel avenir pour la procréation et la grossesse ?

Les débats récents en France concernant une éventuelle autorisation de la gestation pour autrui (GPA) et l'ouverture de la PMA aux femmes célibataires et aux couples homosexuels sont susceptibles de faire évoluer les représentations de la grossesse. Les différentes étapes de la conception (insémination, fécondation, implantation...) sont désormais distinguées par les nouveaux moyens médicaux permettant une assistance à la procréation. Seule la gestation n'est pas encore totalement maîtrisée par la médecine et reste confiée aux femmes. Le recours à la « maternité pour autrui » pose la question de l'importance de la grossesse dans la maturation physique, psychique et émotionnelle du fœtus, et dans le processus d'attachement maternel. Pour le Dr René Frydman ou

^
Affiche du film *L'Événement le plus important depuis que l'homme a marché sur la Lune*, de Jacques Demy, avec Catherine Deneuve et Marcello Mastroianni, 1973.

la psychanalyste Myriam Szejer, la grossesse n'est pas un simple portage mais une expérience fondamentale qui façonne tant la future mère que l'enfant qu'elle attend. Dénonçant le passage de la figure de la « déesse mère » à celle du « four à bébé », la philosophe Sylviane Agacinski récuse également la GPA qui fait de la femme un « outil » et de l'enfant une « marchandise ». Mais pour la psychanalyste Geneviève Delaisi de Parseval, favorable à la légalisation de la gestation pour autrui (mais non rémunérée et très encadrée), il ne faut pas confondre maternité et grossesse : estimant que les études cliniques montrent qu'une GPA ne comporte pas plus de risques psychologiques pour l'enfant que les formes modernes de procréation (don d'ovocyte ou d'embryon), elle soutient qu'« une nouvelle forme de parenté est en train de se construire sous nos yeux : une famille qui n'est plus seulement de sang ni même d'héritage » (*Le Monde*, 2 septembre 2008).

Ces débats portent la réflexion sur le caractère jusqu'à présent évident de la grossesse comme intrinsèquement dépendante du sexe féminin. Or l'évolution de la médecine conduit à penser que l'on pourra probablement mener des grossesses masculines. Ce désir, souvent exprimé dans les mythes et les légendes (Ève créée à partir d'une côte d'Adam, Zeus et Dionysos), dans des rites comme la couvade, ou plus récemment dans des films, tels *L'Événement le plus important depuis que l'homme a marché sur la Lune* (1973) ou *Junior* (1994), deviendra peut-être une réalité dans un futur proche. La grossesse de Thomas Beatie, en 2008, montre à quel point cette éventualité heurte encore les sensibilités : ce transsexuel américain, après avoir bénéficié d'un traitement hormonal et d'une ablation des seins pour passer du sexe féminin au masculin, a décidé de porter l'enfant dont sa femme ne pouvait assurer la gestation, elle-même ayant subi une ablation médicale de l'utérus. L'appareil génital féminin de Thomas étant préservé, le couple a eu recours à un don de sperme anonyme. Les photographies très médiatisées de cette grossesse témoignent d'un « trouble dans le genre », car le corps « enceint » de Thomas Beatie associe signes de féminité et de virilité. Ce cas a également été perçu comme une transgression majeure, car Thomas Beatie est à la fois le père et la mère de son enfant. Après avoir donné la vie à une petite fille, Susan, il a mis au monde deux autres enfants puis a définitivement changé de sexe.

La mise au point probable, dans un futur proche, d'un utérus artificiel suscite également la controverse. Déjà en 1932, dans *Le Meilleur des mondes*, Aldous Huxley imaginait que des enfants seraient produits, à l'initiative d'un « État mondial », dans des centres d'incubation et de conditionnement.

En 2005, Henri Atlan, membre du Comité consultatif national d'éthique pour les sciences de la vie et de la santé, publie *L'Utérus artificiel,* qui fait le point sur les avancées et les problèmes soulevés par l'ectogenèse (gestation hors du corps humain).

Comme les scientifiques maîtrisent désormais *in vitro* la fécondation et les débuts de la division cellulaire (jusqu'à six jours), et que l'on est capable de faire survivre des bébés prématurés de vingt-deux semaines, le temps passé à l'intérieur du corps féminin se réduit finalement de plus en plus. Diverses expériences de gestation extracorporelle ont été menées sur les animaux depuis les années 1980 au Japon et aux États-Unis, et certains fœtus extraits très précocement de l'utérus maternel ont pu être menés jusqu'à terme, mais avec une surmortalité importante et diverses anomalies. Depuis les années 2000, on a également réussi la nidation d'embryons humains et animaux dans des utérus artificiels. Les recherches buttent actuellement sur la mise au point d'un liquide amniotique de synthèse et d'un placenta artificiel, mais il n'est pas douteux que ces difficultés seront surmontées dans quelques décennies.

L'utilisation de l'utérus artificiel pose évidemment des problèmes philosophiques et éthiques considérables. Si, dans un premier temps, cette technique sera probablement justifiée en vue d'améliorer la survie des grands prématurés, il est certain que les indications ne resteront pas uniquement thérapeutiques. L'utérus artificiel viendra alors satisfaire le désir d'enfant de couples stériles, de couples homosexuels ou de femmes refusant de s'exposer aux risques de la grossesse. Cette technique intéresse également les mouvements « *pro-life* » nord-américains, pour lesquels elle offrirait un moyen d'éviter l'avortement en cas de grossesse non désirée. L'utérus artificiel constituerait en tout cas la dernière étape de la dissociation entre sexualité et procréation, et il provoquerait aussi une différenciation inédite entre procréation et gestation. L'ectogenèse révolutionnerait la maternité, car la femme pourrait avoir un enfant sans le porter ni accoucher, ce qui créerait une totale égalité homme-femme dans le processus de reproduction de l'espèce. Pour Henri Atlan, « l'utérus artificiel permettrait de mettre fin à la guerre des sexes. Les anthropologues s'accordent à dire que depuis l'aube des temps, les hommes ont nourri à l'égard du pouvoir procréatif des femmes une jalousie obscure et mortelle, ont entrepris de les dominer pour contrôler leur ventre et s'approprier le fruit de leurs entrailles. Si cette asymétrie disparaît, ne resterait plus que la fraternité… et le désir » (cité par Élisabeth Alexandre, « Utérus artificiel : Chéri, mon bocal a accouché ! », 2/2, marieclaire.fr, mars 2009). Certaines féministes, jugeant comme Marcela Iacub que « le pire ennemi des femmes,

> Portrait de Thomas Beatie pendant sa première grossesse avec sa femme Nancy, 2008.

234

c'est l'enfant et la famille » (France Info, 23 février 2012), voient dans l'utérus artificiel « la dernière étape de la libération des femmes des servitudes liées à l'enfantement » (Marcela Iacub, « L'utérus artificiel contre la naissance sacrificielle », *Libération,* 29 mars 2005). Mais cette détestation du ventre fécond est loin d'être partagée par toutes les femmes, et certaines regrettent la perte possible du pouvoir procréatif féminin. L'utérus artificiel fait également courir le risque d'un contrôle technoscientifique masculin sur la procréation et d'un élevage humain industrialisé.

D'autres perspectives inquiétantes sont également ouvertes par la question du clonage (qui dissocie procréation et fécondation) et la possibilité de créer en laboratoire des gamètes mâles et femelles à partir de cellules souches embryonnaires – ce qui mettrait un enfant dans la situation inédite d'avoir un seul parent biologique, ou deux du même sexe.

Si les femmes enceintes ne constituent vraisemblablement pas la prochaine « espèce en voie de disparition », ces multiples révolutions passées ou à venir renouvellent profondément la perception de la maternité. Alors que s'est longtemps imposé l'adage romain *« mater semper certa est »* (« l'identité de la mère est toujours connue »), la maternité est aujourd'hui incertaine. Qui est la mère ? Celle qui donne son ovule, celle qui porte l'enfant et accouche, ou celle qui nourrit et éduque ? La perte de cette « évidence maternelle » oblige à « réinterroger la nature du biologique » (Marie-Josèphe Dhavernas Levy, « Biomédecine : la nouvelle donne », dans Yvonne Knibiehler (dir.), *Maternité, affaire privée, affaire publique,* Paris, 2001, p. 95), à redéfinir la place de la grossesse dans la maternité et, d'une manière générale, l'identité féminine.

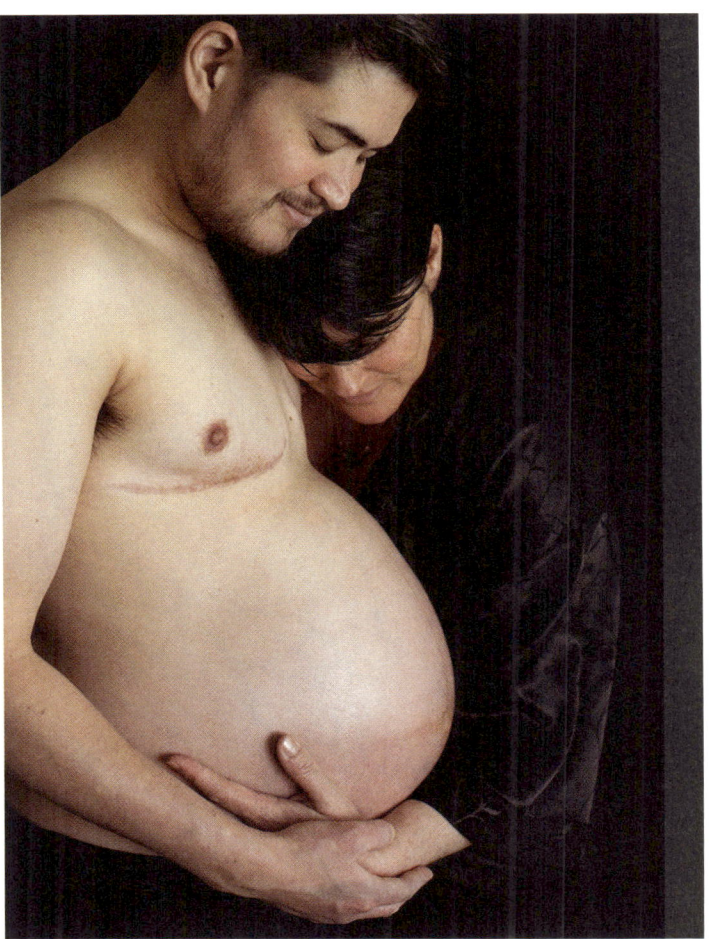

BIBLIOGRAPHIE

ATLAN, Henri, *L'Utérus artificiel,* Paris, Seuil, 2005.

ATLAN, Henri, FRYDMAN, René, GÉLIS, Jacques, et MATIGNON, Karine Lou, *La Plus Belle Histoire de la naissance,* Paris, Robert Laffont, 2013.

Avant la naissance, 5 000 ans d'images, catalogue de l'exposition du muséum d'Histoire naturelle du Havre, sous la direction de FRYDMAN, René, PAPIERNIK, Émile, CRÉMIÈRE, Cédric, et FISCHER, Jean-Louis, Paris, Conti, 2009.

BARD, Christine, et MOSSUZ-LAVAU, Janine (dir.), *Le Planning familial: histoire et mémoire (1956-2006),* Rennes, PUR, 2007.

BARDET, Jean-Pierre, et DUPÂQUIER, Jacques (dir.), *Histoire des populations de l'Europe,* Paris, Fayard, 1997-1998, 3 tomes.

BARTOLENA, Simona, *Femmes artistes de la Renaissance au XXIᵉ siècle,* Paris, Gallimard, 2003.

BEAUVALET-BOUTOUYRIE, Scarlett, *Naître à l'hôpital au XIXᵉ siècle,* Paris, Belin, 1999.

BERTHIAUD, Emmanuelle, *« Attendre un enfant »: vécu et représentations de la grossesse aux XVIIIᵉ et XIXᵉ siècles en France,* thèse de doctorat d'histoire moderne et contemporaine, sous la direction de S. Beauvalet, UPJV, Amiens, en cours de publication.

BERTHIAUD, Emmanuelle, « Le vécu de la grossesse en France aux XVIIIᵉ et XIXᵉ siècles », *Histoire, médecine et santé,* nº 2, novembre 2012, p. 93-108.

BETTERTON, Rosemary, « Promising Monsters: Pregnant Bodies, Artistic Subjectivy and Maternal Imagination », *Hypatia: A Journal of Feminist Philosophy,* nº 21 (1), 2006, p. 80-100.

BOLOGNE, Jean-Claude, *Histoire de la pudeur,* Paris, Olivier Orban, 1986.

BOLTANSKI, Luc, *La Condition fœtale. Une sociologie de l'engendrement et de l'avortement,* Paris, Gallimard, 2004.

BONNET, Marie-Jo, *Les Femmes dans l'art,* Paris, Éditions de La Martinière, 2004.

BOUCHINDOMME, Marie-Camille, « Sous la robe de Marie… Autour de *La Madone del Parto* de Piero della Francesca, *L'Origine du monde* de Gustave Courbet, *L'Espoir* de Gustav Klimt », dans *Les Images honteuses,* actes du colloque de l'INHA à Paris, 25-26 novembre 2005, sous la direction de GAGNEBIN, Murielle, et MILLY, Julien, Paris, Champ Vallon, Seyssel, 2006.

CESBRON, Paul, et KNIBIEHLER, Yvonne, *La Naissance en Occident,* Paris, Albin Michel, 2004.

CORBIN, Alain, COURTINE, Jean-Jacques, et VIGARELLO, Georges, *Histoire du corps,* Paris, Seuil, 2005-2006, 3 tomes.

DAVANZO POLI, D., *Les Parures des futures mamans,* Modène, Zanfi, 1988.

DELAISI DE PARSEVAL, Geneviève, et LALLEMAND, Suzanne, *L'Art d'accommoder les bébés. 100 ans de recettes françaises de puériculture,* Paris, Seuil, 1980.

DESLANDRES, Yvonne, « Le costume de la femme enceinte », *Le Guide de l'enfant*, 1987, p. 116-117.

DESLANDRES, Yvonne, *Le Costume, image de l'homme*, Paris, Institut français de la mode, Regard, 2002 (1ʳᵉ éd. 1976).

DUDEN, Barbara, *L'Invention du fœtus. Le corps féminin comme lieu public*, Paris, Descartes, 1996 (1ʳᵉ éd. 1991).

FONTANEL, Béatrice, et D'HARCOURT, Claire, *L'Épopée des bébés. Une histoire des petits d'hommes*, Paris, Éditions de La Martinière, 2010 (1ʳᵉ éd. 1996).

FRYDMAN, René, et SZEJER, Myriam (dir.), *La Naissance. Histoire, cultures et pratiques d'aujourd'hui*, Paris, Albin Michel, 2010.

GÉLIS, Jacques, *L'Arbre et le fruit. La naissance dans l'Occident moderne. XVIᵉ-XIXᵉ siècle*, Paris, Fayard, 1984.

GÉLIS, Jacques, *La Sage-femme ou le médecin, une nouvelle conception de la vie*, Paris, Fayard, 1988.

GONNARD, Catherine, et LEBOVICI, Élisabeth, *Femmes/artistes, artistes femmes. Paris, de 1880 à nos jours*, Paris, Hazan, 2007.

HEARN, Karen, « A Fatal Fertility? Elizabethan and Jacobean Pregnancy Portraits », *Costume: The Journal of the Costume Society*, nº 34, 2000, p. 39-43.

HÉRITIER, Françoise, *Masculin/féminin. La pensée de la différence*, Paris, Odile Jacob, 1996.

HÉRITIER, Françoise, *Masculin/féminin. Dissoudre la hiérarchie*, Paris, Odile Jacob, 2002.

IACUB, Marcela, *L'Empire du ventre. Pour une autre histoire de la maternité*, Paris, Fayard, 2004.

JACQUES, Béatrice, *Sociologie de l'accouchement*, Paris, PUF, 2007.

KNIBIEHLER, Yvonne, et FOUQUET, Catherine, *Histoire des mères du Moyen Âge à nos jours*, Paris, Montalba, 1980 (rééd. Hachette, coll. « Pluriel », 1982).

KNIBIEHLER, Yvonne, *Histoire des mères et de la maternité en Occident*, Paris, PUF, coll. « Que sais-je ? », 2000.

KNIBIEHLER, Yvonne (dir.), *Maternité, affaire privée, affaire publique*, Paris, Bayard, 2001.

LAGET, Mireille, *Naissances. L'accouchement avant l'âge de la clinique*, Paris, Seuil, 1982.

LANEYRIE-DAGEN, Nadeije, *L'Invention du corps. La représentation de l'homme du Moyen Âge à la fin du XIXᵉ siècle*, Paris, Flammarion, 1997.

LAURENT, Sylvie, *Naître au Moyen Âge. De la conception à la naissance: la grossesse et l'accouchement (XIIᵉ-XVᵉ siècle)*, Paris, Le léopard d'or, 1989.

LECHNER, Gregor Martin, *Maria gravida. Zum Schwangerschaftsmotiv in der Bildenden Kunst*, Munich, Zurich, Verlag Schnell und Steiner, 1981.

LOUX, Françoise, *Le Corps dans la société traditionnelle*, Paris, Berger-Levrault, coll. « Espace des hommes », 1979.

MARISSAL, Claudine, « "Cachez ce ventre que je ne saurais voir..." Les vêtements de grossesse (XIXᵉ-XXᵉ siècle) », *Les Cahiers de la Fonderie : revue d'histoire sociale et industrielle de la région bruxelloise*, numéro spécial *La Mode dans tous ses états*, nº 30, août 2004, p. 32-35.

MATTHEWS, Sandra, et WEXLER, Laura, *Pregnant Pictures*, New York, Routledge, 2000.

MOREL, Marie-France, «Embryons glorieux: iconographie des conceptions et des grossesses sacrées dans l'art occidental», dans *L'Embryon humain à travers l'histoire. Images, savoirs et rites,* actes du colloque international de Fribourg, 27-29 octobre 2004, édité par Véronique Dasen, Gollion (Suisse), Infolio, 2007, p. 107-126.

MOREL, Marie-France, «Iconographie des embryons et des fœtus dans les traités d'accouchement et d'anatomie du XVIᵉ au XVIIIᵉ siècle », *Histoire des sciences médicales,* t. XLIII, nᵒ 1, 2009, p. 15-26.

O'REILLY, Sally, *Le Corps dans l'art contemporain,* Londres, Thames & Hudson, 2010.

PERNOUD, Laurence, *J'attends un enfant,* Paris, Horay, 2001 (1ʳᵉ éd. 1956).

RÉAU, Louis, *Iconographie de l'art chrétien,* Paris, PUF, 1955-1959, 3 tomes.

SAVATIER, Thierry, *« L'Origine du monde ». Histoire d'un tableau de Gustave Courbet,* Paris, Bartillat, 2009 (4ᵉ éd.).

THÉBAUD, Françoise, *Quand nos grand-mères donnaient la vie. La maternité en France dans l'entre-deux-guerres,* Lyon, PUL, 1986.

TYLER, Imogen, «Skin-tight: Celebrity, Pregnancy and Subjectivity», dans AHMED, Sara, et STACEY, Jackie (éd.), *Thinking Through the Skin,* Londres et New York, Routledge, 2001, p. 69-83.

VELU, Anne Marie, *La Visitation dans l'art. Orient et Occident. Vᵉ-XVIᵉ siècle,* Paris, Cerf, 2012.

VLOBERG, Maurice, *La Vierge et l'Enfant dans l'art français,* Paris, Arthaud, 1954.

WARNER, Marina, *Seule entre toutes les femmes. Mythe et culte de la Vierge Marie,* Marseille, Rivages, 1989 (1ʳᵉ éd. 1976).

WITKOWSKI, Gustave-Joseph-Alphonse, *Les Accouchements dans les beaux-arts, dans la littérature et au théâtre,* Paris, Steinheil, 1894.

RESSOURCES INTERNET

CRENN, Julie, « Frida Kahlo, La chair ouverte », *Genre & Histoire,* nᵒ 2, printemps 2008, mis en ligne le 13 juillet 2008, <http://genrehistoire.revues.org/index237.html>.

HEILEEN, occurrences «Grossesse», *Costumière hystérique,* <http://costumehysteric.blogspot.fr>.

ITTY, Michel, «De la périnatalité dans l'œuvre de Paula Modersohn-Becker», *Psynem,* août 2009, <http://www.psynem.org/Rubriques_transversales/Art_psychanalyse/Modersohn_Becker>.

LAUTERWEIN, Andréa, « Hantises de la maternité: d'Unica Zürn à Louise Bourgeois », *Le Texte étranger,* nᵒ 8, mis en ligne en janvier 2011, <http://www.univ-paris8.fr/dela/etranger/pages/8/lauterwein.html>.

Making visible embryos, exposition en ligne de l'université de Cambridge, <http://www.hps.cam.ac.uk/visibleembryos/>.

WILSON MCKAY, Sara, et BAXTER, Denise, « "Your Kids say 'Mom'. Your Clothes say Otherwise": Pregnant Fashion Dolls and Visual Culture », *Visual Culture and Gender,* vol. 2, 2007, p. 48-61, <http://vcg.emitto.net/2vol/baxter-mckay.pdf>.

REMERCIEMENTS

Mes remerciements vont aux Éditions de La Martinière,
particulièrement à Stéphanie Zweifel et Isabelle Dartois
qui ont accueilli et porté mon projet jusqu'à son terme.

Que soient également chaleureusement remerciées Anne Soto
pour ses trouvailles iconographiques, Alice Turner pour son aide
multiforme, et Claire Lemoine pour sa patiente relecture.

⌃ EN COUVERTURE
Mannequin anatomique,
XVIIᵉ siècle, ivoire,
Écouen, musée national
de la Renaissance.

⌃ PAGE 2
Édouard Boubat,
Femme enceinte,
1971, photographie.

Conception graphique et réalisation
Anne-Marie Bourgeois,
avec la collaboration de Marie Varéon

Conception graphique de la couverture
Valérie Gautier

Iconographie
Emmanuelle Berthiaud,
avec la collaboration d'Anne Soto

Relecture et correction
Claire Lemoine

Connectez-vous sur
www.editionsdelamartiniere.fr

Photogravure : Articrom

Achevé d'imprimer en septembre 2013
sur les presses de Pollina - L65720

ISBN : 978-2-7324-5630-0

Dépôt légal : octobre 2013

Imprimé en France